作者简介

李正东　上海应用技术大学人文学院副院长、社会学与社会工作系副教授，硕士生导师。主要从事城乡社会学以及社会工作等领域的研究，近年来研究兴趣主要集中在城市贫困与社会政策、员工压力缓解与社会保护、社区发展与公共服务等系列主题。主持上海市优秀青年教师专项课题、上海市教育委员会科研创新项目、上海市哲学社会科学规划课题、教育部人文社会科学研究项目、国家社会科学基金项目等多项研究，出版著作多部，发表学术论文数十篇。

贫困的生产与再生产：城市低保家庭及其政策研究系列著作（全5册）

《贫困何以生产：城市低保家庭的贫困状况研究》/李正东等 著

《同贫困斗争：城市低保家庭的脱贫行动以及低保制度的服务输送研究》/李正东等 著

《贫困何以再生产：城市低保家庭的孩子与贫困的代间传递研究》/李正东等 著

《如何更新政策：城市居民最低生活保障制度的创新研究》/李正东等 著

《如何创新机制：城市低保家庭的社会工作干预与家庭临床服务研究》/李正东等 著

大学经典文库

同贫困斗争

城市低保家庭的脱贫行动以及低保制度的服务输送研究

李正东等／著

中国社会出版社
国家一级出版社·全国百佳图书出版单位

图书在版编目（CIP）数据

同贫困斗争：城市低保家庭的脱贫行动以及低保制度的服务输送研究 / 李正东等著. --北京：中国社会出版社，2016. 12

ISBN 978 - 7 - 5087 - 5280 - 8

Ⅰ. ①同… Ⅱ. ①李… Ⅲ. ①城市—贫困问题—研究—中国 Ⅳ. ①D632. 1

中国版本图书馆 CIP 数据核字（2016）第 322344 号

书　　名：同贫困斗争——城市低保家庭的脱贫行动以及低保制度的服务输送研究
著　　者：李正东　等

出 版 人：浦善新
终 审 人：李　浩
责任编辑：姜婷婷　陈贵红　　**责任校对**：甄　真

出版发行：中国社会出版社　　**邮政编码**：100032
通联方式：北京市西城区二龙路甲 33 号
电　　话：编辑部：（010）58124828
邮购部：（010）58124848
销售部：（010）58124845
传　真：（010）58124856
网　　址：www. shcbs. com. cm
shcbs. mca. gov. cn
经　　销：各地新华书店

中国社会出版社天猫旗舰店

印刷装订：北京天正元印务有限公司
开　　本：170mm × 240mm　1/16
印　　张：13
字　　数：265 千字
版　　次：2018 年 5 月第 1 版
印　　次：2018 年 5 月第 1 次印刷
定　　价：68. 00 元

中国社会出版社微信公众号

同贫困斗争

城市低保家庭的脱贫行动以及低保制度的服务输送研究

贫困的生产与再生产

城市低保家庭及其政策研究

系列著作

前 言

控制城市低保家庭贫困的累积与传递风险 全面构建以家庭整体为中心的福利服务模式

一

自1993年上海市试行“城市居民最低生活保障制度”以来，到1997年国务院发布《关于在全国建立城市居民最低生活保障制度的通知》，再到1999年国务院通过“城市居民最低生活保障条例”，中国正式全面施行城市居民最低生活保障制度，已有近20年的时间。城市低保家庭申领“低保”后的成效如何，是脱离贫困还是持续贫困？我们这项研究计划之初，正是围绕这样一个问题，作为这一系列研究的起点。自我们2003年关注并研究城市贫困以来，在2005年至2008年3年期间，对上海开展了前期的调查研究。通过这一初步探索性研究我们发现：城市低保家庭申领“低保”后的贫困状况只是暂时性缓解之后贫困的持续，更多的是在制度性救助之外寻找自己的生存策略，而部分家庭则是陷入继续贫困的陷阱，更有家庭将贫困部分地传递给了子女。

而当时，城市低保家庭在接受国家城市最低生活保障制度的救助之后，依然贫困乃至第二代持续贫困的问题，似乎并没有引起政府部门以及众多研究者的重视。于是，我们正式筹备“贫困的生产与再生产：城市低保家庭及其政策研究”这一系列研究计划。经过2008年至2013年5年间对上海低保家庭的深入访谈和调查研究，我们围绕前期探索研究所观察而提炼的论题与假设进行了验证和研究。应该说，我们对于低保家庭贫困再生产所开展系统的研究，从传统的贫困历程、因素分析转向贫困的流动性以及流动的封闭性分析，挖掘和探讨了贫困生产与再生产机制的论题，拓展了贫困再生产理论。这让我们对城市低保家庭的贫困有了更深层次、更本质、更准确的一种把握，也是在既往研究者著述和贡献的基础上对当前城市贫困研究的一项深入。另外，在城市低保家庭贫困趋于固态化、稳定化的今天，我们这一系列研究的开展，期望能够为有效解决这一问题及制定相应的政策措施提供相应的理论和实证依据。若是如此，这一系列研究都无疑将有利于社会的长治久安与和谐。

此后，在2014年至2016年的3年里，我们又对上一阶段所形成的研究成果进行了梳理和修订，并形成了这套《贫困的生产与再生产：城市低保家庭及其政策研究》系列著作（1—5册）。这一系列研究所观察和分析的时段主要集中于1993年至2013年这20年。《贫困的生产与再生产：城市低保家庭及其政策研究》系列著作（1—5册）的核心论证在于提出了当前我国城市低保家庭贫困的累积效应、连锁效应以及封闭效应下贫困代内延续与代际传递的再生产的观点，指出了我国城市低保家庭贫困再生产的逻辑以及城市居民最低生活保障制度更新的可能选择，并就未来的政策调整方向提出了一些思考和讨论。

二

该系列著作的研究成果，主要包括八个部分的研究内容。第一部分，从一户低保家庭脱贫的生活史出发，提出如何治愈贫困的问题。第二部分，呈现低保家庭的贫困状况，探讨贫困何以生产的问题。第三部分，讨论低保家庭如何同贫困进行斗争，解释低保家庭的脱贫行动及其困境。第四部分，讨论低保制度机制如何同贫困进行斗争，解释面向低保家庭的服务输送并开展社会工作评估。第五部分，探讨贫困何以再生产的问题，讨论低保家庭贫困传递的发生机制。第六部分，讨论如何更新低保政策的问题，探索城市居民最低生活保障制度的创新。第七部分，讨论如何创新低保政策服务传递机制的问题，梳理社会工作对于城市低保家庭的干预以及家庭临床服务。第八部分，讨论城市低保家庭贫困累积和传递的僵困之局，讨论城市低保制度的更新以及讨论面向低保家庭开展家庭服务和个案管理的新模式，尝试提出以家庭福利服务中心为平台，构建以家庭整体为中心的福利服务模式。

根据上述八个部分，我们整理出五部书稿组成了“贫困的生产与再生产：城市低保家庭及其政策研究”系列著作，即：《贫困何以生产：城市低保家庭的贫困状况研究》（第1册）、《同贫困斗争：城市低保家庭的脱贫行动以及低保制度的服务输送研究》（第2册）、《贫困何以再生产：城市低保家庭的孩子与贫困的代间传递研究》（第3册）、《如何更新政策：城市居民最低生活保障制度的创新研究》（第4册）、《如何创新机制：城市低保家庭的社会工作干预与家庭临床服务研究》（第5册）。

三

我们通过挖掘低保家庭生活的质性体验，将他们生活中的透明与不透明呈现出来，从而揭开他们所处世界的面纱，进而了解他们思考和理解世界的方式。从所能观察的情形来看，除了少数成功脱离贫困的个案之外，低保家庭贫困的历程呈现出一个M形曲线。也即，低保家庭的贫困周期在反复地陷入贫困、摆脱贫困和持续贫困中来回徘徊，但始终难以完全摆脱贫困的一种生活状态。通过进一步的研究挖掘，我们发现贫困在市场、结构与文化的社会“魔方”中被旋转交错而变成一个复杂的方程式，浮现出贫困与生俱来的传递性、累积性、流动性和封闭性等特性。正是这些特性致使了贫困的“顽症”机理以及生产与再生产的效应，从而导致了贫困循环的发生。鉴于贫困再生产的病理逻辑，对于如何更新城市低保制度和创新社会政策机制，我们以一种类似于摸象的方式找到了消解这一缺陷的方法。这一观点，强调将资产性社会政策补充机制（增加财富的市场性积累策略）、发展型社会政策补充机制（社会投资与上游干预策略）以及以家庭整体为中心的福利服务模式（对于城市低保家庭的干预以及家庭临床服务和个案管理）嵌入到城市居民最低生活保障制度的政策设计中，从而不断更新城市居民最低生活保障制度并实现反贫困社会政策实践的创新。我们希望这一系列研究可以为城市低保家庭贫困再生产问题的干预提供相应的理论基础，并为贫困救助型向贫困保护型社会政策、贫困消极型向贫困积极型社会政策转变提供现实支持。我们也希望能够通过社会政策机制的创新研究，尤其是嵌入机制的提出，可以更好地通过系列配套行动计划完善城市居民最低生活保障制度，实现城市低保家庭贫困代内与代际之间的双重遏制，促进社会和谐与稳定。

我们的研究所存在的显著问题在于样本问题。一是地域限制，不具有从上海推论到其他地区的意义。二是规模限制，样本规模小导致天然的解释力不足。

三是代表性限制，50户能有多大的典型意义值得商榷。我们在研究中试图能够扬长避短，发挥质性研究的深入理解优势，获取新的扎根式的解释。显然，这里既需要发挥我们研究者的想象力，又需要克服我们研究者本人的主观意识。对于城市居民最低生活保障制度的更新研究，如何探索新的转向以及如何寻找新转向的现实基础、机理逻辑和运作程序等，依然存在制度设计或政策设计的刚性问题。政策机制创新绝不是一个程序更新的问题，它既涉及价值导向性问题，又涉及无法逾越的资源问题。如何把握最佳拟合性，才是今后的解决之道。悬而未决的问题，依然是传统的脱贫行动中环境模式和临床模式的争论。依靠社会政策创新机制，可以实现制度或政策的更新，但这种外在的环境改变能否彻底治愈贫困，显然过往历史没有给出确切的答案。临床模式则认为改变不良行为方式，可以有效遏制贫困。如何以社会政策创新机制将环境模式和临床模式衔接起来，或许可以看到脱贫行动新的可能性。这在本项的研究中试着提出但并未深入地加以探讨，这也是今后我们可以尝试的另外一种探索。

四

本系列著作重点研究的第一个问题是城市低保家庭申领“低保”后的成效如何，是脱离贫困还是持续贫困？经由社会工作社会政策取向型评估，我们发现低保制度介入后的贫困后果有以下两个方面。一方面表现为正向价值的生活保障与能力发展、权利赋予与制度支持，另一方面则是负向意义的贫穷标签和制度依赖、资源约束和行为惯性。

本系列著作研究认为，城市低保家庭申领“低保”后的贫困状况只是暂时性缓解之后贫困的持续，更多的是在制度性救助之外寻找自己的生存策略，而部分家庭则是陷入继续贫困的陷阱，更有家庭将贫困部分地传递给了子女。贫困的再生产主要有贫困的代内延续和代际间的传递两种表现形式。贫困的代内延续是指贫困主体依靠自己的劳动不能摆脱贫困，长期滞留于贫困状态。贫困的代际传递则是家庭中年青一代受到上一代贫困的影响，并承接这种贫困状态，主要有社会文化经济资本的继续匮乏、受教育机会的限制、缺乏进取精神等。

本系列著作重点研究的第二个问题，是城市贫困再生产的逻辑是什么？到底为什么发生贫困的传递与延续？本项研究认为贫困具有传递性、累积性、连锁性、流动性、封闭性等特性，这是贫困再生产固有的“病症”机理。而“发病”的病理则在于社会政策“木桶蓄水效应”与“电路短路效应”，这当然是城市居民最低生活保障制度“失灵”的逻辑。尽管国际学术界一般从结构和文化两种视角解释贫困的生产与再生产机制，但是本研究认为我国目前的贫困更是一种深刻的资源贫困、权利贫困（再分配权利与市场权利）以及社会资本贫困，此类贫困作为一种典型的结构性和亚结构性规定，必然衍生为贫困的生产与再生产机制。

本系列著作重点研究的第三个问题是，如何探索社会政策创新机制？这里涉及低保制度的更新问题。城市低保家庭贫困的再生产研究，说明了城市居民最低生活保障制度再分配权利下贫困延续与传递效应的存在，即可以通过资产性社会政策补充机制（增加财富的市场性积累策略），为贫困救助型社会政策向贫困保护型社会政策转变进行创新设计。对于再分配权利和市场权利的不平衡致使城市低保家庭中贫困延续与传递的效应，证实贫困具有流动性，而这种流动性是封闭的论题，即可以通过发展型社会政策补充机制（充权增能、社会投资与上游干预策略），为贫困消极型社会政策向贫困积极型社会政策转变进行创新设计。

对于城市居民最低生活保障制度的更新研究，如何探索新的转向以及如何寻找新转向的现实基础、机理逻辑和运作程序，则是予以重点讨论和研究的内容。这些新的转向包括从不对称性放权到对称性放权、从制度性再分配到社会投资性再分配、从资源型导向到需求型导向、从表达性标准需求到感受性内在需求、从污名身份到公民身份、从公民权利到积极公民、从社会救助到社会保护、从社会稳定到社会融合、从法团福利到民主福利、从补救性服务到预防性服务、从外在制度到内在市场、从制度性他助到增权性自助、从社会排斥到社会工程、从双重劳动力市场到积极劳动力市场、从需要性津贴到积极性行动、从福利依赖到工作福利等的转向。

五

对于城市低保制度的更新，关系到反贫困政策的模式转向与机制创新。在当前条件下，以政府行为为主体实施城市贫困人口的扶持战略具有重要意义。

然而，扶贫制度的创新是需要迫不急待解决的问题，在反贫困政策理念上以实现模式转向来进行救助机制的创新。

一是主体转向，从“政府核心”到“多元主体”。这意味着实现救助核心的多元化转向，由政府层面转向以政府为主导，社会、企业、第三方、社区、个人等多个主体的协作。重视弱者的责任，才能增强自我改变的能力，真正完成自主脱贫的可能。当前社会工作专业的职业化，可以承接政府在社会救助方面转变的职能。由专业社会工作者运用专业理念、知识、方法和技术，以多种工作手段和策略模式行动，以困难群体为本，协助贫困家庭整合多方资源，增强他们的力量，适应社会发展。

二是理念转向，从生存保障到能力建设。城市低保制度的目标定位由只是保障基本生存向个人与家庭社会功能完善发展，即由单一的基本物质生活的保障向全面发展的救助模式转变，注重贫困人员自主脱贫能力的增强。

三是目标转向，由温饱发展为物质小康与精神健康并存。英国研究贫困问题的学者汤森提出，贫困可以分为三个层次，即维持生存、基本需求和相对遗缺。汤森将相对遗缺的含义从“物质遗缺”扩大到“社会遗缺”，也说明了贫困群体精神文化方面的遗缺。因此，在低保制度未来的发展面向上，需要将其他文化娱乐活动、教育和社交项目包括在内，这样才能丰富低保人群的精神状态，有利于他们身心的发展，消除贫困文化的影响。

四是形式转向，从社会保障到社会保护。社会保护的政策框架更多的是从权利和资源获取的增能角度去考虑。城市居民最低生活保障制度作为社会保障的重要组成部分，它以公共资源对贫困人群施以救助的形式，并不能彻底地解决贫困的问题。因此，需要各种救助形式互相支持、互相补充，以一种资源整合的视角去保护弱势贫困群体。

五是价值转向，从公民权利到积极的公民。只强调被救助是公民的权利，忽略了他们也应该承担相应的社会义务，会造成权利与义务的不对等。从根本上说，相对地也因应了其生存权而剥夺了发展权，不利于打破贫困恶性循环的链条。而积极公民的理念强调的是一种权利与责任统一的意识，强调公民的参与性和回馈社会。因此，我们应该着力提升贫困人群自身的能力，从增能的角度去增强他们脱贫的自主能力。这样也有助于消除其自身的羞耻感，减缓他们的“福利依赖”，使他们在一定程度上回报社会，减少社会排斥的存在。

六是从嵌入策略到补充机制，推进社会政策的创新。这一模式的逻辑机理在于，将资产型社会政策补充机制和发展型社会政策嵌入到城市居民最低生活保障制度的政策设计中，实现反贫困社会政策理论和实践的创新。前者主要是增加财富的市场性积累策略，后者主要是充权增能、社会投资与上游干预策略。另外，基于生命周期理论的反贫困视角，不难发现个人一生中在特定的社会背景和环境中遭遇的事件，会在其以后的人生中表现出一种关联性。儿童如果生长在贫困家庭中，这对于他们就学、就业、身心发展都有极大的影响。可以基于“上游干预”的策略，在上游消除贫困产生的条件和机制，以消除儿童贫困来切断贫困产生的链条。

七是家庭服务的介入与拓展，开展家庭社会工作的专业实践，推进实施家庭福利服务政策，营造家庭福利服务中心。低保家庭的贫困干预主要包括以下这些方面：第一，全面实施贫困家庭的辅助，包括医疗及困难救助；第二，辅导贫困家庭的孩子就业及创业；第三，加强推行家庭计划，指导计划生育；第四，辅导贫困子弟接受教育；第五，创办社区家庭副业，辅导生产，设置社区妈妈教室、讲授亲子教育、家政知识、加强家庭之社会功能；第六，兴建贫困家庭住宅楼及廉租公寓，以及完善所生活社区的基础建设。

同时，从低保家庭的能力建设着手。首先，需要防治家庭问题，健全家庭功能。我们可以从建立城市低保家庭个案，予以深入辅导，以改善城市低保家庭的生活环境。除此之外，我们还需要辅导低保家庭青少年及服务低保家庭。我们要做的就是辅导失学、失业及失意青少年，发挥个人潜能，利用社会福利机构资源，举办卫生心理讲座，提供正常的娱乐；提供低保家庭福利服务方面——筹建健全家庭功能的俱乐部；通过社区资源充实低保家庭需要的休闲娱乐设备，辅导低保家庭参与休闲娱乐活动；协助低保家庭健全心理，协调与家人的关系，并对瘫痪、残疾罹病之无所依靠或者缺乏亲友照顾的低收入老人，办理居家老人服务。

六

今后，应当试点和普及以家庭整体为服务对象，以协调家庭功能发挥为目的的机构，比如家庭福利服务中心。根据不同的家庭成员特性来提供服务，建立彼此之间的联络和关联，形塑家庭整体的观念，构建低保家庭临床服务体系。

现实的僵局和难题在于，城市低保家庭社会救助的现行范式，即环境模式在实际运转中，出现无法从根本上消除贫困、产生福利依赖等消极现象。新范式，应当坚持临床模式的原则导向，除了为贫困家庭提供经济援助外，还需要为他们提供就业培训、价值重塑和心理辅导等临床模式的家庭整体服务，只有这样才或许能使低保家庭真正脱离贫困。

以上就是《贫困的生产与再生产：城市低保家庭及其政策研究》系列著作（1—5 册）的整体图像。显然，这一系列研究只是朝着我们的研究目标迈出了一小步。希望借由这一系列研究著作的出版，能够让大家对城市低保家庭以及摆脱贫困有更加深入的关切与了解，也激励我们以更持续而有系统的方式来面对这一课题。最后，我们想以一次讨论中的发言告白作为从书《前言》的结尾，“对于城市低保家庭贫困的顽疾，难道我们真的无法逾越吗？我们是不是应该回应常识也拒绝常识，也许治愈贫困必须——从哪里开始，从哪里结束！”如此未尽定论和尚未完整的系列研究，也是期待共同思考、共同观察和共同研究，到底又应该如何结束这持续的贫困呢？

期以此问重思贫困，倡行理解和解释社会之责，然书中不足之处，均为能力有限所致，尚祈同人与读者的谅解、批评与建议，也期望共同继续更全面深入的研究。

目 录
CONTENTS

第一章

贫困的历程、M 形曲线轨迹与社会政策评估：上海 50 户低保家庭的生活史

随着我国市场转型的深入推进，城市贫困问题愈发严峻，城市贫困研究范式也不断地得到更新。其中，贫困历程的动态分析为贫困研究打开了新的视野。本章以上海市 50 户低保户家庭为基点，运用生活史的技术，着重把握低保家庭贫困历程中的生活处境、状况变化及其波动因素。本章指出，低保家庭的贫困周期呈现出“M”形轨迹特征。其中，低保制度介入、关系网络支持、生命重大事件是轨迹变化的决定因子。由于每况愈下的累积－集中效应和恶性循环的连锁－削弱效应，低保家庭贫困再生产的阶段处境表现为单一性代内延续、单一性代际传递和双重性代内延续与传递。经由社会工作社会政策取向型评估，低保制度介入后的贫困后果，一方面表现为正向价值的生活保障与能力发展、权利赋予与制度支持，另一方面则是负向意义的贫穷标签和制度依赖、资源约束和行为惯性。

第一节　问题缘起与研究回顾

一、问题的缘起

在经济全球化背景下，我国经济虽获得了长足的发展，但与此同时，城市贫困问题也日趋严重。下岗失业人员的增加和物价连续大幅度上涨使城镇低收入家庭难以承受。如何应对及科学地解决这一问题，最低生活保障制度应运而

生。低保制度的实施可以说在一定程度上缓解了城市贫困问题，但只是留在短期内解决问题的层面，减缓了这种贫困矛盾的增长速度，却无法有效地抑制消除贫困。同样的问题也出现在上海，上海的贫困两极分化尤为严重，这一现象的存在势必相较于其他贫困地区更为突出，所产生的后果也更加值得人们关注。其中，经济、文化与社会资本的不足对于贫困延续具有重大的影响。因此，针对城市低保家庭的代际传递问题，如何实现城市低保制度的更新，从而从根本源头解决、预防、消除贫困问题，正成为我们时代的责任。

如何理解贫困问题，当前的贫困历程的动态分析范式已经成为新的主流视角，颇令学术界瞩目和争论。而贫困历程分析则是受益于生命历程理论的启发，强调贫困的动态过程与周期变化。其中，德国学者雷瑟琳与雷勃弗莱德（Leisering 和 Leibfried，2001，转引自徐静、徐永德，2009）提出贫困生命历程观点的四项原则：时间化、民主化、行动者和传记化。"'时间化'强调个体在生命历程中的贫困经历具有多种不同的时间性形态——单次或反复经历短期、中期或长期贫困。该论点喻示着贫困形成与发展的多元轨迹性，说明贫困并不是'一锤定音'的恒久性类别标签，而是横贯整个生命历程的动态过程。这也代表了"民主化"的意涵，个体作为积极的'行动者'可以采取主动的因应策略改变自身的生存处境，创造性地调整自己的生命轨迹。从这个意义上说，贫困是个体性鲜明的'传记化'生活体验，而贫困人群则是异质性很高的群体，这是宏大叙事所无法企及的层面。"（徐静、徐永德，2009）。

本章正是借鉴生命历程的研究范式，从2008－2011年对上海市50户低保户家庭的追踪式访谈而获得的生活史资料来展现贫困的历程，剖析出城市低保家庭在贫困历程不同阶段的处境，深入探讨贫困在代内延续和代际传递的再生产现象，并围绕低保的实施成效开展社会工作评估，以完善城市居民最低生活保障制度的政策设计，从而有效地脱离和遏制贫困。

二、研究回顾

近些年我国城市居民最低生活保障的问题主要集中在以下三个方面：一是城市最低生活保障制度本身的问题，主要表现在这一措施虽然保障了贫困群体的基本生活，但在一些中低收入地区，越来越多的接近行业评估收入的劳动者辞掉了工作，转而申请低保救助。这不仅给低保对象的甄别和救济金发放带来很大压力，而且也不利于公平正义的维护（陈银娥，2005；李冬梅，2007；项秀，2011）。二是城市最低生活保障制度实施执行问题，主要表现在为了维护人们尤其是穷人的最低生活或基本生活标准以保护他们的基本权益使用的包括提供产品和服务、现金等手段，都是以满足人们尤其是穷人的最低消费或者基本消费为目的的。这是一种“牙疼医牙，脚疼治脚”解决体系，并不能彻底地解决贫困的发生和延续（张秀兰，2003；徐月宾，2004）。三是城市最低生活保障制度受惠对象的问题，主要表现在低保救助的家庭应不仅仅是家庭收入为达低保线的家庭，对那些就业及受教育机会受限的家庭也应实施帮助，因为帮助家庭是帮助儿童的最好的办法（洪大用，2003）。

关于城市低保家庭生活状况，英国研究贫困问题的学者汤森提出了三层论，即维持生存、基本需求和相对遗缺。我国香港的莫泰基也提出，贫困可以分成绝对性贫困、基本性贫困和相对性贫困（唐钧、王承思、蔡京睿，2000）。国内学者普遍坚持双层论，把贫困归纳为物质上的贫困和精神上的贫困。物质上的贫困主要表现在经济能力上的弱势，资源的缺乏等；而精神上的贫困是指经济上的匮乏给贫困家庭增添了心理压力（唐钧、王承思、蔡京睿，2000）。他们的文化生活极其贫乏，社会交往受到限制，接受教育存在障碍，身体健康得不到保证，心理情绪较不稳定。尤其是患病时不能及时治疗和教育机会上的不平等，给贫困家庭造成的创伤更大。虽然上海市大多数贫困家庭在家庭亲情上还比较和睦，能够同甘共苦；但是也有少数家庭因为贫困而导致家庭不和甚至解体。这就是莫泰基所描述的：“有一些穷人的生活是不会有饥饿的问题出现，不会危及生命。但他们仍然过着社会公认的‘没有人格尊严’的生活，会受到社会上大多数人所同情和愿意协助施救。”（唐钧，1998）。

城市反贫困社会政策研究视角也存在着三类差异。第一类是以城市反贫困社会政策的政策设计为主，主要强调了一些有效的制度安排。第二类是以城市贫困的成因与反贫困政策的改革为主，呈现的是因果分析及其对策，学者陈银娥对此也有所研究。许多社会学者（张平，2004；单士兵，2006）也将城市贫困的症结归结为制度性的致贫，认为城市贫困是由一些社会经济制度的改革所造成的。第三类则侧重对城市反贫困社会政策的反思为主，在政策的结构、目的、主题、功能等方面的探讨（景天魁，2009）。洪大用也曾提出了几个具体的改革取向。

贫困代际传递（Intergenerational Transmission of Poverty）概念是从社会学阶层继承和地位获得的研究范式中发展出来的，就是指贫困以及导致贫困的相关条件和因素，在家庭内部由父母传递给子女，使子女在成年后重复父母的境遇——继承父母的贫困和不利因素并将贫困和不利因素传递给后代这样一种恶性遗传链；也指在一定的社区或阶层范围内贫困以及导致贫困的相关条件和因素在代际之间延续，使后代重复前代的贫困境遇（李晓明，2006）。对贫困代际传递概念也存在多种解释。米德（Mead，1992）认为，依赖福利的家庭陷入贫困陷阱是因为长期接受福利救济已经使这些家庭的父母和孩子改变了价值观。贝克尔与托马斯的研究（Becker 和 Tomes，1986）强调了贫困与劳动力市场的关联。他们的研究显示，缺乏经济资源阻碍了儿童人力资本的发展，也由于人力资本低，孩子们缺少找到好工作的能力（吕朝贤、王德睦，1989）。

在消除贫困的过程中，人们发现许多社会政策实施的结果并不怎么乐观，他们提出的种种建议总是会遇到各种各样的障碍，贫困不但没有被消灭，而且更加严重。于是，在贫困问题研究中，出现了消除“社会剥夺”和“社会排斥”的观念（景晓芬，2004）。社会排斥是贫困问题研究中继绝对贫困和相对贫困、能力不足带来的贫困之后的新理论。于是国际社会政策研究界将社会政策的目标从“克服贫困”转变到了“消除社会排斥”上。这一转变就将贫困问题的解决从表象转向了根本：1995 年在丹麦哥本哈根召开的“社会发展及进一步行动”世界峰会将“社会排斥”视为消除贫困的障碍，要求反对社会排斥（景晓芬，2004）。贫困群体除了收入低以外，他们在劳动力市场、社会福利和社会关系三个方面被社会排斥（Gordon，2000）。

低保制度下的福利依赖指的是由于有最低生活保障制度这一张最后的安全网，低保享受者不愿意积极地寻找机会自食其力，而宁愿保持低水平的生活状态。因此，福利依赖是一种综合的现象，它包含“状态”（享受低保并有劳动能力）、“行为”（没有积极寻找工作）和“意向”（不愿意积极寻找工作）三个方面（李棉管，2008；姜丽美，2010）。国内的一些研究认为产生低保制度中的福利依赖现象有两个原因：其一是内在主观原因；有些人好逸恶劳或认为失业后找到的工作不够体面而不愿意“丢面子”，宁愿靠低保生活（段小林，2008）。其二是外在客观原因，贫困陷阱和福利扩张等因素。一是因采用补差式救助，这种方式由于贫困高原的存在，易产生贫困陷阱，造成人们在不工作的情况下，获得的低保金，收入接近甚至高于外出工作的工资，这些人就宁愿选择不工作而依赖低保。二是因政府要求各地要努力实现“应保尽保”目标，该目标易被泛化或扩大化，基层社区可能将社区贫困居民扩大化，造成“箩筐效应”和“气球效应”。其中“箩筐效应”是指将不符合低保救助条件但在其存在一定的困难时就将其纳入低保中，造成低保人数增加（段小林，2008）。

李强等学者指出，生命历程总体上是指在人的一生中随着时间的变化而出现的，受到文化和社会变迁影响的年龄级（age－hierarchy）角色和生命事件序列。它关注的是具体内容、时点（timing）的选择，以及构成个人发展路径的阶段或事件的先后顺序（李强、邓建伟、晓筝，1999）。生命历程研究的发端最早得益于芝加哥学派的城市社会学研究。其中，在托马斯（Thomas）和茨南尼斯基（Znaniecki）的《欧美波兰农民》的研究中，他们率先运用了生活史，生活记录和情景定义的方法研究了社会变化和移民的生活轨迹，及其二者的相互关系。纽加尔坦（Neugarten，1976）提出了“标准时间表”（normative timetable）的概念，用以说明社会对处于不同年龄的社会成员有着不同的期待，生命的历程中的一些主要时间，例如入学、就业、生育等，会被认为应当在某个合适的年龄发生。个人的生命轨迹一旦偏离了标准的时间表，便可能产生一系列的社会后果。因此，当研究者运用生命历程范式来分析社会现象时，关注的是生活事件发生的先后次序、在时间上是否符合社会时间表的要求、事件与事件之间的转换程序的长短，以及上述各方面对未来的影响（李强、邓建伟、晓筝，1999）。贫困研究的先驱朗特里（Rowntree，1901）在其著名的“贫困生命周期理论”中提出：儿童期、初为父母以及老年期是生命周期中贫困风险最高的三个阶段。在这一理论图式下，贫困周期－历程循环重复的模式（如生理特征、社会角色与关系、共同经历的生命事件等）成为探索贫困的聚焦（徐静、徐永德，2009）。

第二节 分析视角与研究设计

一、分析视角

（一）生活史

生活史研究最早出现在1918—1920年，美国社会学芝加哥学派的早期代表托马斯（Thomas）和兹纳捏茨基（Znanniecki）发表了五卷本的《欧美波兰农民》，这一研究突破了史学界传统的英雄史观，从“普通人”的失业、贫困、移民等问题入手，“自上而下”地书写历史，并完全改变了社会学界学院派的研究思路。该研究的最大特色就是反对用“社会普查”堆积的数据和偏于道德说教的“常识社会学”（common - sense sociology），采用了一种崭新的“生活研究法”（the life study method）。具体而言，就是注重收集有关研究对象生活经历的文献，特别是信件，报纸等“活材料”，让外来移民讲述自己的生活故事，注重让材料本身说话而不是由作者对材料解释和分析（申康达，2014）。

生活史可被定义为生命历程中的生活经历。在社会、文化和历史情景中，一个生命从出生到死亡的过程中所发生的事件和经历。它所涉及的主要是通过非结构或半结构访谈收集到的对过去生活的描述，也包括对信件、照片和日记等个人资料的研究（李强、邓建伟、晓筝，1999）。

本章对生活史的研究主要是参考有关研究对象的生活经历与日常行动的资料与文献；收集50户低保家庭真实的未贫困期、持续贫困期、脱贫期、贫困再发生期时的不同的生活境遇以及导致各生命周期处境发生的具体原因。

（二）贫困周期

贫困历程与周期：贫困动态或历程，对于城市贫困人口（包括家庭）有如下三种流动形态：1. 致贫，由非贫至初入贫困的状态；2. 持续贫困，由第1年或第n年持续至第n+1年的贫穷；3. 脱贫，由贫困至非贫困（Duncan，1984；吕朝贤等，2000）。

从下图1-1中，我们可以不难理解贫困历程与周期的动态形态以及转换的过程。受徐静、徐永德（2009）研究的启发，参考Davis（2006）生命轨迹方向的分类，我们提出了两类理想形态和两类现实形态。

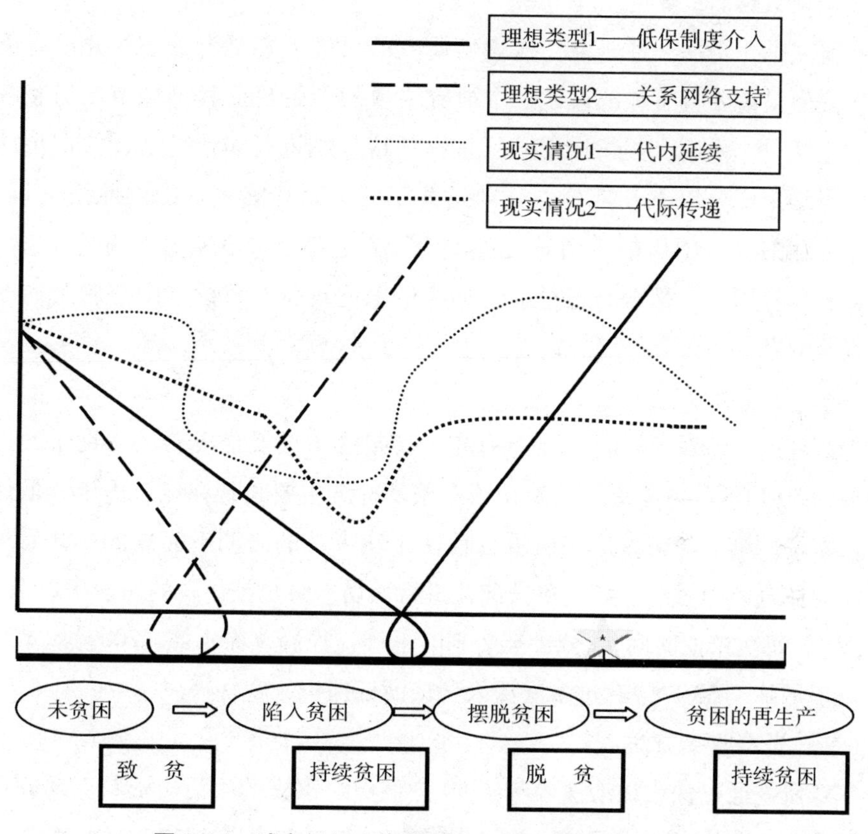

图1-1　城市低保家庭贫困的历程、周期与发生类型

理想类型1：家庭陷入贫困时，低保制度介入，家庭脱离贫困。

理想类型2：家庭在即将陷入贫困或已陷入贫困的时候，由于社会关系网络的支持，家庭脱离贫困。

现实情况1：家庭陷入贫困期间，一系列负面事件使家庭成员无法通过自身努力摆脱贫困，而一直处在贫困的状态。

现实情况2：家庭中的子女由于上一辈的贫困而使其在物质、社会关系等资源上的匮乏，继而导致其面临多方面的社会不公与社会排斥，使其一直处在贫困状态。

二、研究设计

本研究是一个探索性研究，探索性研究的目的主要是为了了解并没有得到深入研究但是重要且有趣的议题。本研究主要想了解目前我国城市低保家庭的贫困的生活史，采用个案访谈形式，依据访谈提纲进行访谈开展，并记录访谈结果。提纲主要分以下几部分，分别是关于低保家庭陷入贫困的原因的调查，有关家庭在陷入贫困后的生活状况的调查，在领取了低保金之后生活的状况，低保金有哪些用途、是否有想过改变如今的家庭现状？持续贫困与脱贫的原因的调查等问题。

（一）研究对象

本研究的访谈对象是我们在上海相关街道办事处及居委会的协助下，选择并接触的50户低收入家庭。选定访谈对象的标准主要是现在或过去申领低保的低收入家庭。第一次访谈是在居委会社区工作人员的陪同下完成的，其后每次访谈时间在电话中另约，我们单独前往进行面访。每户被访者的访谈次数在2—5次之间，每次访谈时间45分钟至2小时不等（徐静、徐永德，2009）。本章研究对象正是基于50户曾有过多次深入访谈的低保户家庭。

（二）资料收集方法

本章研究通过深入访谈法收集了50户低保户家庭的生活史资料。期间也在社区居委会的安排下，进行过两次集体座谈，但效果并不理想。通过对于访谈资料的收集以及主观的诠释，我们希望解低保家庭的贫困形成与发展变化的过程。在研究中我们借鉴了徐静、徐永德（2009）的研究，采用了叙事的形式收集资料，也就是通过让低保家庭讲故事的收集策略去呈现一个家庭的贫困历程与周期特征以及家庭生活变化的重大事件与行动轨迹。在访谈中，我们会在低保家庭的故事叙述中询问或追问当时发生的重大事件，以及对他们家庭所产生的影响。同时，关注这些事件发生时的时代背景与社会特征。另外，在资料的收集中，我们还寻找和挖掘他们在这些事件中所体现出来的主体能动性，也即当时的人生选择与行动策略，以及这些选择和行动又是如何影响当下的生活（徐静、徐永德，2009）。

（三）资料分析方法

根据研究方案和设计对收集来的访谈记录加以整理，运用定性分析法对其进行“质”的方面的理解与分析。具体地说是运用归纳和演绎、分析与综合以及抽象与概括等方法，对获得的各种材料进行思维加工，从而达到去粗取精、去伪存真、由此及彼、由表及里，达到认识事物本质、揭示内在规律的效果（李晓鹏，2010；字振华，2011）。

第三节　理想与现实之间：贫困历程—周期的M形轨迹、特征与逻辑

理解贫困历程与周期的脉络，需要经由昔往过去与今天当下之间的关联发现故事叙述中的时间序列，这个序列是一个持续连贯的过程（徐静、徐永德，2009）。这个过程，也是个体行动与社会结构之间关联的连接过程。通过50户被访低保家庭的贫困历程与周期变化轨迹，参照徐静、徐永德（2009）的分析框架，我们发现低保家庭的整体贫困生活轨迹也存在着明显的分野。这个分野就是“现实型”和“理想型”之间的差别与分立。其中，18户低保家庭的生活状况是向上流动的方向，他们在低保制度介入和在社会支持网络的帮助下，对于贫困历程中遭遇的突发负向的事件或打击，能够成功地加以行动选择和应对过去。往往，这些家庭没有发生过重大破坏性的事件，或者一些突发负向事件的破坏性影响，并没有被放大而是被有效地加以控制，从而逐渐脱离了贫困，或者随着时间的推移而能够摆脱贫困。

另外32户低保家庭的整体生命轨迹特征比较相似，大多都曾经历过一些生命中的重大坎坷和生活上的大波折，比如非预期重大疾病事件的发生或家庭成

员的意外身亡等。这些低保家庭，即使在社会支持网络与低保制度介入的情况下，贫苦生活仍未得到改善，陷入贫困持续的处境之中。戴维斯（Davis，2006）将个体生命轨迹方向，划分为上升、水平、下降三个特征类型。我们参考这一轨迹特征的描述，对50户被访家庭贫困的发生、持续和摆脱的过程进行了观察和梳理，我们发现，虽然他们当下都处于家庭经济疲弱的生存境地，但却是处在通往不同方向的生命轨迹之中（徐静、徐永德，2009）。部分低保家庭的生存境况正不断恶化（19户），还有部分低保家庭的生存境况趋于平稳（19户），而另外一些低保家庭正逐渐摆脱贫困的困境，处于向上流动的轨迹（12户）。

根据上文分析可见，整体贫困周期变化特征主要有理想型（脱离贫困）和现实型（持续贫困）两个维度，家庭生活轨迹方向主要包括上升、水平和下降3个变化维度。根据以上两个向度，我们将被访低保家庭的贫困历程轨迹变化归纳为6种类型（见下表1-1）：理想-脱贫/生活-上升；理想-脱贫/生活-水平；理想-脱贫/生活下降；现实-持贫/生活-上升；现实-持贫/生活-水平；现实-持贫/生活-下降。这些发现，可以很好地解释不同轨迹特征之下不同的贫困状态。尽管这些家庭都是低保家庭，但是他们的生命历程和生活经验既呈现出个体的独特性，又呈现出社会变迁的结构关联。简言之，这些低保家庭当下经济贫弱的生存状况是经由多元化的变化轨迹所形塑的结果，并且他们将循着各自不同的轨迹方向继续向前发展（徐静、徐永德，2009）。可见，低保家庭并不能函括这一群体内部的复杂性、差异性以及多元性。但是，当前低保家庭的界定与论述都制造了一个同质化的群体形象，从而限制了社会救助的空间以及多种可能性。

表1-1　被访家庭贫困历程的生命轨迹特征分布（50户）

整体贫困周期变化特征	家庭生活轨迹方向		
	上升（户）	水平（户）	下降（户）
理想型	8	3	7
现实型	4	16	12

一、理想/生活－上升

在这一类别下的8户被访家庭有一个共同特征：其家庭在即将陷入贫困之后，当有低保制度介入和其他的一些原因（社会整体经济水平提高、下一代的职业发展等）的时候，其生活有所改观，走出了贫困的状态，这是一种理想的模式。

个案家庭A，曾女士，1960年出生，丧偶，家庭妇女，家中有一名即将大学毕业的儿子。这位曾女士这样说道："辛苦了一辈子，终于过上好日子了。我那时候十七八岁就参加工作了，25岁结的婚，婚后生下了一个儿子，就这样平平淡淡地生活。我儿子小的时候身体不好也一直要看病，因此也花掉了一些钱，在外面也借了一点钱，但是我和我的老公都很节俭，老公人也勤奋，所以很快还清了债务，我们的生活虽然苦，但是也还算比较幸福。可是在1999年我儿子初中毕业的时候，丈夫突然出了交通意外去世了，我觉得自己的人生好像一下子失去了重心。在2000年的时候，居委会帮助办理了低保，孩子的生活费得以解决，同时我也上了班，赚点钱，再靠着他父亲很少的赔偿金让儿子念完了大学，现在儿子已经实习了，就快要毕业了，呵呵。"曾女士在自己的人生中尽管经历了很多的挫折，但是却获得了较高的幸福满意度，坚信自己的生活会随社会发展和儿子的成家立业而不断上升的。这里有关孩子的培养与预期策略，是这一类家庭显著的特征（徐静、徐永德，2009）。

表1－2　低保家庭个案A的贫困历程分析

致贫原因	初为父母，家庭需求的增加造成生活的艰难； 丈夫意外去世
陷入贫困的境遇	孩子生病，借钱看病；挣钱还债；省吃俭用； 脱离贫困的原因：低保制度的介入，儿童投资
有无贫困再生产现象	否
贫困周期	致贫→持续贫困→脱离贫困

曾女士的家庭的生命轨迹流动形态与朗特里（Rowntree，1901）提出的

“贫困生命周期模式”有一定的类似之处：初为父母期，因家庭需求的增加造成的生活的艰难；子女逐渐长大就业后，生活水平缓慢提高（徐静、徐永德，2009）。此外由于社会政策的干预，妇女曾女士的生活也有所改善，体现着社会政策在干预贫困历程时所发挥的积极作用。社会政策的有力干预对贫困周期的调整同样体现在该类别其他3户家庭身上，她们也都是丧偶的单亲家庭，享受政府生活补贴。另外，4户也是随着孩子的就业而改善了生活的处境。

二、理想/生活－水平

个案家庭B是这一类别下的典型案例，家庭妇女黄女士，这个家庭的贫困根植于之前的重大生命事件。从她的早年经历可以看出因为两起重大的家庭生命事件而直线下落，由此生活陷入贫困，但是由于其与其家庭积极应对并随着政策环境的逐渐改善，黄女士一家近些年生活状况有所好转，但又属于日子比较平稳的状态。

个案家庭B，妇女黄女士是家庭中的母亲，是小学教师。通过读师范学校“农转非”并毕业分配在市区就业，后与其丈夫结婚。但在1994年、1998年连续遭遇两起突发事件：正念大学的女儿突然患精神分裂症以及丈夫的猝然去世，整个家庭因此出现转折性的变化。

在黄女士54岁的时候，退休前一年，女儿刚患病不久，在家庭经济需求骤增以及收入递减的情形下，丈夫突然去世。这两起突发事件发生时间集中，交互累计，对整个家庭造成巨大影响。

丈夫去世后，黄女士独自承担起照料女儿及支付昂贵的医药费的负担。面对生活困境，黄女士到处让人介绍兼职，开始没日没夜地打工，她这样描述自己的生活：“在不断地挣钱－看病的重复生活中，我就像蜜蜂一样，每天都是不停地东奔西跑，每天做三五家的钟点阿姨，晚上又去麦当劳值夜班收银，一天到头采蜜一样，采好之后，不断地筑巢和供养这个大家庭。一年下来，春天采，冬天用。用完了，第二年再接着采。一年一年的循环，为了孩子和这个家，我觉得像蜜蜂一样很有意义。”从黄女士的的这段表述中，我们可以发现为了给女儿治病，年复一年的劳作之外却是她遭受的巨大而持久的经济压力和精神压力。

这个让我们看到低保家庭在面对困境时的能动性。黄女士十二年的持续的努力和抗争，得以让女儿可以连续地接受治疗，并最终控制住了女儿的病情。

2000年底，社区居委会考虑到她含辛茹苦的不容易，就协助她申领了低保救助。尽管这笔钱不多，但是黄女士认为这里给了她很多的关爱和鼓舞，面对生活更有信心和希望了。尽管女儿的病情现已经得到控制，但是每年依然要做治疗，每年还有一大笔款项支出，并且女儿的病依然是她生活中的隐患。在黄女士看来，政府和社会的支持，给了她很大的信心与力量，让她陪伴女儿一路坚持下来。但是，她的隐忧则是人不断地变老，又很担心明天不知是什么样子。生命历程理论中"相互依存的生命"议题（徐静、徐永德，2009），在黄女士的生命周期和贫困历程中显现出来。我们知道，与黄女士生命中密切相关的两个人，一个是生病的女儿，一个是离世的丈夫，这两个人物的生命事件变化，不仅让这个家陷入贫困，而且也让她的人生轨迹发生了改变。同样，我们也发现，通过给她钟点工劳务机会的社区邻里以及破格录用她做小时零工的公司，以及政府和社区的帮助，这些社会关系网络对她生活的坚持和改变发挥了积极的作用。这个类型的家庭另外2户也是受益于社会网络的支持和政府社会政策的干预而使生活开始好转，并能够应对甚至克服困境。

表1-3 低保家庭个案B的贫困历程分析

致贫原因	女儿重病；丈夫去世
陷入贫困的境遇	四处打工为女儿看病，独立抚养女儿
脱离贫困的原因或未脱离贫困的原因	低保制度的介入，社会关系网络支持，个人积极主观能动性发挥。（未完全脱离）
有无贫困再生产现象	持续贫困
贫困周期	致贫→持续贫困（生活水平一直处于持续贫困中）

三、理想/生活-下降

该类家庭都是在陷入贫困前发生一连串负面的生命事件（丧子、重病等），而身陷贫困在低保制度介入的状况下，并没有得到完全的改善，该类别下的家庭大多属于短期的“突发性贫困”，但由于一系列的突发性负面事件，其能力（特别是经济方面）受到制约，一旦身陷贫困很难通过自身努力摆脱困境（徐静、徐永德，2009）。

个案家庭C，家庭妇女陈女士，1954年生，在2007年到2010年经历一系列家庭变故性的事件：2007年4月老伴突发心脏疾病住院，导致中风偏瘫。2009年10月儿子外出旅行坠落山崖不治身亡，留下1个7岁尚未成年的孙子。2010年儿媳又查出胃癌。尽管谢女士在2010年办理了低保，但低保金和救助金依然十分有限，对于这样一个多灾多难的家庭，这些都让她们无法自拔难以走出目前的困境，甚至每况愈下。用谢女士的话讲，“现在的日子是在煎熬中，几乎用光了所有的继续，真是度日如年。”

谢女士（个案家庭R）也有着和陈女士类似的经历。谢女士，在2003到2007年这五年时间里，不断连续身陷一件又一件的突发性事件：2003年她的老伴因为心梗而住院；2004年她的独子外出途中又遭遇交通事故身亡，并无法确认肇事人而获得赔偿，却留下了1对未成年的龙凤胎孙子和孙女；2005年她自己又查出了乳腺癌，好在是良性并不是恶性的；2006年她家儿媳妇离家出走，至今都未取得联系；2007年寻求连带责任的交通补偿起诉败诉。2008年，她在社区居委的协助之下，办理了低保手续。但是，有限的低保金在这些一连串的重大打击事件面前显得非常微薄，对生活的帮助也非常有限。尽管街道还时而发放一些补助金，她认为这些都是临时性救急之用，并无法让她们家摆脱贫困。这种困境只能慢慢熬了，希望孙子和孙女将来有出息。这两个孩子虽然贪玩但还算懂事，单学习成绩也都良好，最大的愿望就是他们能考上好的大学，将来可以照顾奶奶。

表1-4 低保家庭个案C的贫困历程分析

致贫原因	丈夫脑出血；儿子意外身亡；留下2个未成年的孙子；女婿患病
陷入贫困的境遇	与2个未成年的孙子相依为命，并抚养他们

续表

脱离贫困的原因或未脱离贫困的原因	低保制度的介入（未完全脱离）
有无贫困再生产现象	持续贫困，但随孙子长大贫困现象将逐渐消失
贫困周期	致贫→持续贫困（生活水平持续下降中）

四、现实/生活－上升

在这一类别下的 4 户被访家庭，都有一个共同的特征，他们早年的生活轨迹线的重大起伏均与早年不以个体意志转移的重大历史事件（上山下乡、国企改革等）相关，并且他们及家庭的生活由于重大历史事件的“纠正”（知青回城），同时上一代的经济贫困会产生代际的传递而造成下一代在教育机会上的缺失（徐静、徐永德，2009）。另外，生活状况的改善有赖于下一代社会与经济地位的改善。因此，在贫困的后阶段实质上是早些时候的贫困的延续。这与徐静、徐永德（2009）的研究发现是吻合一致的。

个案家庭 D，妇女孙女士，受当时上山下乡的影响，赴安徽宿松做了知青，并与当地人结婚成家。由于安徽农场生活条件比较艰苦，之后她与丈夫离婚，携带女儿回到上海，为女儿的户口转回上海和有份工作四处托人找关系。为子女的发展创造更有利的环境，她想尽了一切可能办法。在社会关系支持的网络下，尽管没有完全脱离贫困，但她对下一代的苦心栽培的策略渐见成效，生活水平得以提高。

表 1－5　低保家庭个案 D 的贫困历程分析

致贫原因	上山下乡，经济匮乏
陷入贫困的境遇	生活艰难，资源匮乏
贫困持续的原因或未脱离贫困的原因	与丈夫离婚，带女儿回上海，运用社会关系网络为女儿创造良好环境（未完全脱离）
有无贫困再生产现象	持续贫困
贫困周期	致贫→持续贫困（但生活水平正向上流动中）

五、现实/生活 - 水平

这类家庭的特点在于，一辈子生活在生活水平偏低的长期贫困中。通常来说，他们的家庭存在持久的压力源（如残疾、慢性疾病、家庭纠纷等），但是通过各种应对策略，已与压力源达成平衡和平稳。这种状态仍然是一种低水平维持的状态（徐静、徐永德，2009）。

个案家庭 E，就属于此类。汪先生，在 1980 年通过招工的形式成为了某国有纺织生产企业的一名工人，从事机床维修的工作。妻子没有正式工作，主要负责照护两个孩子。1998 年 1 月，汪先生因单位改制而被迫下岗。被安置之后，汪先生因突犯心肌炎而不能从事劳务性的重力活。随后找了几份工作都没能做下来，失去了生活的可靠来源，又由于孩子都在读中学，难以维持升级，他只得申请低保。由于无法根治又必须天天服药治疗，家里本身就没什么储蓄，孩子的生活费和学费都是很大的开销。很多时候，病只能扛着，让孩子们有吃有用，结果身体也越来越糟，只好呆在家里以休养为主。“在 2004 的时候，社区说我这个身体做不了交通协管员，那就去社区就近的一家公司做信件报纸的收发员，每月有个 800 元。等到身体好之后，希望能找个好一点的工作，不至于成为家里的拖累。但后来，老婆又患上糖尿病，这个家几乎没有了什么希望。”“好在，孩子大了，大专毕业后就参加了工作，但孩子那边的收入也不高，拖家带口的也不容易。”

表 1－6 低保家庭个案 E 的贫困历程分析

致贫原因	国企改革下岗，心肌炎慢性病，糖尿病慢性病
陷入贫困的境遇	妻子没有正式工作，家里还有两个孩子
贫困持续的原因或未脱离贫困的原因	慢性病的长期困扰，以及工作机会与能力的限制
有无贫困再生产现象及其原因	未脱离贫困（年老，夫妻两人并都长期服药治疗，低保因为孩子参加工作而失去了资格，贫困在代内持续）

续表

低保制度介入后	生活有所改善，但又由于儿子毕业后参加工作又无法申请低保，生活再次陷入贫困
贫困周期	致贫→持续贫困（生活水平上升）→持续贫困（生活水平再次下降）

六、现实/生活－下降

这类型的家庭包括一直徘徊于相对较低生活水平，并且因为负面的生命事件更添负荷，贫困状况进一步加剧。这类家庭属于陷入长期贫困状态的家庭（徐静、徐永德，2009）。

个案家庭F，家庭成员吴女士，女，1947年出生，年轻时通过结婚从城郊崇明的农村来到上海市区。但1978年小儿子的出生打破了她美好的憧憬，孩子在1985年患上脑膜炎并留下智力低下的后遗症，1999年死亡。在此期间，吴女士一直照顾他，没有办法外出打工。2002年老伴去世使其失去主要生活来源，而其另外两个儿子，因为住房拆迁的家庭纠纷，与其关系闹僵，几乎不来往，也不承担照护的责任。且老伴去世后，由于两个儿子不愿出示表示自己经济能力有限无法赡养母亲书面证明使其无法申领低保。吴女士很无奈，在这种情况下只能委托居委会和街坊邻居介绍工作维持生计。

表1－7　低保家庭个案F的贫困历程分析

致贫原因	孩子脑膜炎并留下后遗症，医疗费用大；老伴去世；亲子关系冷淡
陷入贫困的境遇	生活艰难，资源匮乏，得不到低保制度介入，靠自己打工，生活艰难
脱离贫困的原因或未脱离贫困的原因	未脱离贫困（子女不赡养老人，亲子关系惨淡，儿子也不愿出示相关证明使得母亲得不到低保，社会关系网络未起到支持作用）
有无贫困再生产现象	持续贫困
贫困周期	致贫→持续贫困

其家庭处于贫困的原因是吴女士在其生命中建立起来的亲子关系冷淡，以至于失去子女的支持，甚至因此无法得到政府的救济，只能依靠微薄的劳动收入维持生存。从吴女士的状况可以看出，家庭紧急状况、生命事件（小儿子患病，以及住房拆迁作为导火线引发的母子关系恶化）形成持久的压力源，令其难以解脱贫困。由于缺少家庭及政府的社会支持，贫困状况更进一步恶化（徐静、徐永德，2009）。

七、特征与逻辑

从以上不同家庭的状况和境遇，很容易就看出了贫困的周期，也是存在规律性的，在这里我们提出“M”形曲线，其主要为了显示家庭的贫困的周期在反复地陷入贫困、摆脱贫困和持续贫困中来回徘徊，但始终难以完全摆脱贫困的一种生活状态。

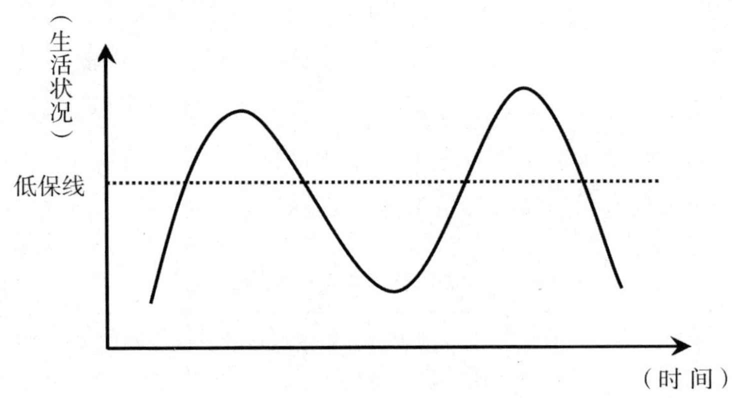

图1－2　低保家庭贫困周期的M型曲线

在被访家庭中，通过他们口述生活史，我们可以归纳总结到这样一个特征：低保家庭总是在贫困与非贫困中来回徘徊，当一个家庭陷入贫困时由于低保制度的介入及社会关系网络的支持，同时通过自身的主观努力、渐渐地摆脱了贫困，但是却由于外在的一些不可抗拒的因素而导致家庭及个人再次陷入贫困，而这个家庭及个人就是徘徊在贫困线上下，但却始终不能彻底摆脱贫困的一种状态。

从以上讨论的例子我们看出，许多被访家庭反复在贫困低保线上来回徘徊，却始终无法完全摆脱贫困。

第四节　多元化阶段处境：连锁—累积—削弱，从代内延续到代际传递

一、连锁 - 削弱的交互效应

“连锁 - 削弱”在本章中是可以理解为当造成贫困的直接或间接的原因一连串地发生，而这一连串不幸的事又会导致削弱其摆脱贫困的能力与主观意愿，从而导致其生活环境更加恶化，持续性地陷入贫困。

个案家庭 I - XH - F，家庭妇女张女士，68 岁，丧偶。透过张女士的生命经历，可以说她是辛辛苦苦付出了一辈子，现在进入了好的时代，期盼能过上好的生活。张女士出生的家庭特别家长制，在父权至上的家庭环境下成长起来的。又因为是家里的老大，还有 4 个弟弟和妹妹，从小就承担了大量的家务活。1958 年结婚后，丈夫家里的条件相对好一些，但是自 1959 - 1967 年这一段时间里又生了 4 个孩子。结果，后面的日子真的是负担很重，不敢回想，都是一点一点熬过去的。那是，一家 6 口都是靠做纺织工人的丈夫一个人的工资维持生活。到了 1978 年，孩子们也陆续一个一个长大，并参加了工作，又碰到了改革开放，生活上日子越过越好。但是，好景不长，1998 年上海国有企业改革，4 个孩子也都陆续下岗，生活也开始越来越糟糕。到了 2005 年，丈夫又患了癌症去世。原本都是用丈夫退休工资作为家庭的生活费的开支，丈夫的离世也让没有退休工资的张女士失去了生活费的来源。张女士非常感叹经历的波折和生活的不易，在丈夫去世后，张女士的生活依靠就转向了 4 个生活条件都不好的。张女士发生了一系列的事情，从结婚后生活有所改善，4 个孩子相继出生（家

庭负担重）——孩子工作（生活好转）——4 个孩子相继下岗（生活下降）——丈夫去世（失去生活依靠）。这一连串的事情发生，限制了这个家庭和家庭成员的发展，消弱了其在社会中的竞争力，使其长期处在贫困的状态，难以摆脱。张女士发生了一系列的事情，从结婚后生活有所改善，5 个孩子相继出生（家庭负担重）—孩子工作（生活好转）—5 个孩子相继下岗（生活下降）—丈夫去世（失去生活依靠）。这一连串的事情发生，限制了这个家庭和家庭成员的发展，削弱了其在社会中的竞争力，使其长期处在贫困的状态，难以摆脱。

二、累积－集中的交互效应

"累积－集中"在本章中可以理解为，当一个家庭在遭遇了一系列导致其陷入贫困的事件之后，加速了这个家庭进入贫困的状态，加深了贫困的程度的一种现象。

个案家庭 J，妇女曹女士，从农村嫁入上海，其老公比她年长 10 多岁，由于其经济状况也不是很好，而曹女士由于文化水平低在外很难就业，于是就只能做保姆和临时工来赚一点儿小钱，生活有些困难。后来生下了一个先天有残疾的儿子，他们一家为此心力交瘁。为了照顾儿子，曹女士只能在家照顾孩子，全家的重担全部落到了丈夫的身上。2002 年时丈夫突然脑出血死亡，全家完全陷入了贫困中，后居委会帮助其办理了低保手续，全家生计全靠低保金的维持。儿子残疾—照顾儿子—丈夫去世，这一系列的负面事件是导致其家庭陷入贫困的直接原因，累积在一起，加速了家庭进入贫困的状态，加深了贫困的程度。

三、多元化处境的重叠：从代内贫困的延续到代际贫困的传递

贫困的再生产主要有贫困的代内延续和代际间的传递两种表现形式（贺巧知，2003；李艳玲，2009）。其中，代内延续主要表现为贫困的代内持续，代际传递则表现为跨代之间的转移。

（一）代内延续

贫困的代内延续是指贫困主体依靠自己的劳动不能摆脱贫困，长期滞留贫

困状态。这是贫困持续的最典型形式。

接下来看一下贫困的代内延续，个案家庭 K，王先生，2002 年因公司业务重组下岗至今，其妻在 2004 年又因长时间疲劳工作生了一场大病。由于家境的困难，没有及时治疗，治愈后仍然患有部分后遗症，无法参与原工作，失去了家庭唯一的经济来源。我们分析这个案例，发现贫困有很强的代内延续关系，王先生的失业在一定程度上影响了其妻的工作条件以及治疗疾病的及时性，是整个家庭生活条件转变的导火索。这样看来，他们自己不能摆脱贫困，却反而一直处在贫困的状态。随着自身年龄的日益增长和社会成员平均文化程度的日益提高，社会竞争也日益加强，贫困者获得高收入的机会将越来越小，靠自己或配偶的工作收入摆脱贫困现状的可能性也将更小（贺巧知，2003）。所以贫困将持续性地长期在这一代中滞留，贫困的主体人群仅靠自身已经很难改变贫困的境遇，这呈现出了多元化困境的重叠和交互。

（二）代际传递

贫困代际传递是指贫困以及导致贫困的相关条件和因素，在家庭内部由父母传递给子女，使子女在成年后重复父母的境遇——继承父母的贫困和不利因素并将贫困和不利因素传递给后代这样一种恶性遗传链；也指在一定的社区或阶层范围内贫困以及导致贫困的相关条件和因素在代际之间延续，使后代重复前代的贫困境遇（陈文江、杨延娜，2010；李晓明，2006；贺巧知，2003；何汇江，2011；王竹林，2011）。

例如，个案家庭 L，陈女士出生于 1931 年，文盲，无劳保，无劳动能力，靠捡废品为生，生活上较为困难。该人早年丧偶，育有两个儿子，大儿子夫妻双失业，是社区的低保户（其孙子患有精神分裂症，治疗费用很大）；小儿子也已失业，现在一中学食堂做临时工，不能享受正常工人的待遇，工资也较低，小儿媳妇患有肝、肺、胃等疾病，无法从事体力劳动。两个儿子在自身家庭都比较困难的情况下，每月给予陈赡养费 50 元，这在物价飞速上涨的实际情况下只能算是杯水车薪。仔细分析这个案例，陈某穷困的家庭际遇在一定程度影响到了自己两个儿子的生活轨迹，一个困窘的家庭无法为子女提供良好的物质、医疗、教育条件，这就导致了多米诺骨牌效应。如果依靠自己努力不能达到某个目标，家长们往往会把希望寄托在孩子身上，期望他们能够做得比自己好，实现自己的愿望，贫困家庭的人们，对待贫困的心理也是如此（贺巧知，2003；李艳玲，2009；何汇江，2011）。布迪厄指出，穷人在市场竞争中缺乏必要的文化资本，缺乏必要的教育机会和文化资本的积累，会造成参与竞争机会的减少和竞争力的弱化。故让子女摆脱贫困的最好途径，就是通过受教育使之获得足够的文化资本，从而增强在市场中竞争的机会和竞争力（贺巧知，2003；李艳玲，2009）。这从上面一个个案来看，确实体现了这一点。

威尔逊（Wilson，1987）指出，贫困代际传递和城市下层阶级形成的一个重要因素就是由于大批制造业迁出城市中心区，使他们失去了城市中心制造业的工作，这使他们减少了摆脱贫困的机会。李晓明指出，也有研究表明，贫困父母存在与贫困代际传递相关的非经济资源，如学校教育和家庭结构。由于父母受教育水平低影响他们难以鼓励和帮助自己的孩子完成适当的教育；家庭结构也是造成贫困本身及其代际传递的一个基本因素，如家庭中兄弟姊妹多，或父母离异等都可能导致孩子贫困、缺乏营养和监管甚至缺乏行为榜样等。这些因素都有可能导致儿童成人后的贫困（李晓明，2006）。

（三）代内延续与代际传递相互交替

贫困的双重性的传递：贫困的代内延续和代际传递相互交替与作用。这样一种状况主要表现在一个家庭从处在新成员出生的时期开始，由于家庭中的成年人因某些生命的大事件或受时代变迁的影响而处于贫困的状态，在儿童出生时期，由于各种消费开支增加而导致持续贫困，同时对于这个家庭的孩子来说，其从小就继承了上一辈的认知和行为惯性，且由于资源的匮乏而在资源上从小就处于匮乏的一种状态而无法摆脱贫困，这样贫困就在代内延续和代际的传递中反复交替和相互作用着。个案家庭 T，农村妇女小白为了走出农村，2003 年嫁给了比她年长 17 岁的城市工人，原以为生活会因此而改善，但是因为丈夫是个普通的工人，所以生活还是比较拮据的，之后 2004 年生下了孩子，由于生活开销增大，虽然生活一下陷入相对贫困的状态，但他们还是很努力地生活着，但是因为贫困的原因，孩子从小就受到学校及周围同辈群体的排斥，学习成绩也比较差，此时也正是贫困的代际传递的真实体现。不幸的是丈夫在 2008 年出车祸死亡，全家一下失去了生存的主要来源，光靠小白打打零工是难以摆脱贫困的，即很难通过自身的努力摆脱贫困而导致贫困的代内延续。因此，贫困的代内延续和代际传递相互交织在一起加深了贫困的程度，同时也加剧了摆脱贫困的难度。

第五节　低保制度介入的后果：社会政策评估

一、权利赋予与制度支持

城市居民最低保障制度是一项应急性措施，在保障城市贫困家庭居民的基本生活方面发挥着重要作用（祝建华，2009）。公民陷入生存困境并不仅仅是自然以及自身因素造成的，其很大程度上是由于公共权力的行使不当引起的。由于公共权力行使不当，在客观上加重了社会财富分配不均，从而成为贫困的根源之一，因此政府有必要承担起社会救助的主体责任。在这项制度的实施过程中，让公民意识到接受社会救助是公民的权利，而提供救助是国家和政府的责任和义务。城市贫困家庭虽然在生活上陷入贫困，甚至可能面临社会排斥的风险，但是通过制度的宣传，低保制度给予这个群体希望，让城市中的贫困群体意识到他们不是单一个体与贫困抗争，国家和政府始终给予他们足够的关注（祝建华，2009）。

个案家庭M，小张："我从小父母就不在身边了，是奶奶一直省吃俭用带我长大的，从小在学校里同学们都不喜欢我，老师也不愿多理我，我的学习成绩也一直不是很好，后来就念了个中专，现在毕业了，可是当我去找工作的时候我发现我毫无竞争力，自己又没有什么技能，真的找不到什么工作。"为此小张所属社区组织了社区青少年技能培训等一系列活动，增加其社会竞争力，并帮助其积极就业。小张说道："我真的很感激居委和政府给了我们这些权利。"从这个案例我们不难看出，政府在实施低保制度的时候，不仅满足了贫困家庭的基本生活需求，还赋予了他们同等的公民权利，如选举、活动参与等。公民陷入贫困，其中一个原因就是资源分配不均，公共权力行使不当，因此，在实施低保制度的同时也应赋予公民应有的权利（韩克庆、郭瑜，2012）。

二、生活保障与能力发展

（一）生活保障

城市居民最低生活社会保障制度作为现代社会生活中的一个主要因应贫困风险的制度安排，对于维持经济的正常运行和促进个人能力发展方面发挥着多方面的功能：一是保障基本需要的功能，二是维护社会稳定，促进社会发展的功能。

个案家庭P："虽然我们已经领了低保金，也算是可以解决一点温饱问题，但是现在物价那么高，有时候看孩子可怜想买点好吃的给他都要横算竖算的，一旦生个病，有点意外的话就完全超出了我们的能力范围之外了。"尽管当前的城市低保家庭面临着诸多的困境，但是现行的城市低保制度的确给予了城市贫困群体以极大的帮助，尤其是在解决他们基本的衣食住行等需求方面起到了至关重要的作用（祝建华，2009）。城市低保家庭的收入偏低，住房条件有限，消费支出也低，低保救助金成为许多家庭的主要收入来源，也成为维持其基本生存的主要支柱，其重要性显而易见。即城市低保制度能够解决城市低保户家庭的温饱问题，满足其基本生存需要。

（二）能力发展

印度著名经济学家阿马蒂亚·森（Sen. Amartyak）在其代表作《贫困与饥荒》和《以自由看待发展》两本书中深刻分析了隐藏在贫困背后的生产方式的作用，以及贫困的实质。他认为，贫困的实质是能力的缺乏。一个人避免饥饿的能力依赖于他的所有权（所有权是权利关系之一），以及他所面临的交换权利映射（exchange entitlement mapping），而饥饿的直接原因是个人交换权利的下降。一个人所具有的交换权利就其本质而言，取决于"他在社会经济等级结构中的地位，以及经济中的生产方式"，但同时也依赖于"市场交换"以及"国家所提供的社会保障"。他主张，应该改变传统的以个人收入或资源的占有量为参照来衡量贫富的方法，通过引入关于能力的参数来测度人们的生活质量。其核心意义是必须考察个人在实现自我价值功能方面的实际能力，因为能力不足才是导致贫困的根源（毛小平，2004）。同时，森提出，只有能力才能保证机会的平等；没有能力，机会的平等是一句空话，即“真正的机会平等必须通过能力的平等”才能实现（王仁发，2010）。森的“能力贫困理论”的一大贡献是强调解决贫困和失业的根本之道是提高个人的能力，而不是单纯发放失业救济（周丽莎，2011）。

个案家庭Q，小季：“我从小就没有人和我玩，自己学习成绩也不好，后来就随便上了个技校，现在毕业了，毕业就等于失业啊，本来想找份工作的，可是现在都没有地方愿意雇我上班，不是嫌我学历低就是嫌我没技能，我都没有信心了。但现在社区里有组织社区青少年活动，我参与了，感觉还不错，他们不仅对我们进行了技能性的专业培训，同时也教会了我很多与人相处的方式和乐趣，我很开心。”由此看出，小季想把生活过好的主观意愿是强烈的，但是一开始因为自己的资源和社会关系网络的缺失而导致其难以摆脱贫困，于是政府和居委提供了机会和权力，加强了保障的力度，这样才得以使贫困家庭更加有效和快速地摆脱贫困。

三、资源约束与行为惯性

（一）资源约束

资源约束实则是一种机会的剥夺，而机会剥夺最直接的负面影响就是造成贫困的持续，有工作能力和工作意愿的低保人员在劳动力市场上寻找就业机会的时候，有形无形地被排斥在外，导致他们只能继续靠城市最低保障金来维持生活，使得他们的贫穷的生活现状无法从根本上改变，因此想要使贫困家庭摆脱贫困的一个方法是消除社会排斥和机会剥夺。

经济贫困只是城市低保家庭绝对贫困的直观反映，与之相伴随的可能就是不能享受到正常的文化教育，不能实现自己的教育期望，不能拥有能满足基本需求的住房，无力承担高昂的医药费用，无法融入到和谐的社会关系中（祝建华，2009），在社会生活中逐步处于边缘化、隔离化的状态与过程中。这与“社会剥夺”（social deprivation）相联系（李晓明，2006）。

“社会排斥”（social exclusion）主要是指一个社会成员被排斥在一般社会大众所应享受的各种社会经济待遇之外。作为一个强大的分析性概念，社会排斥更强调一种动态的过程，包括多面向的剥夺与不足，如财富、社会权利、劳动力市场、社会关系网络。正如乌德亚·瓦格尔所言，“一些人尽管拥有足够的收入和足够的生存手段，也就是说足以满足消费，包括衣、食、住，但他们可能依然很穷。同样，一些人尽管拥有能力，他们也可能依然很穷。一个人如果被排斥在主流经济、政治以及公民、文化的活动之外，那么即便拥有足够的收入、足够的能力，他也依然可能很穷。所以说，社会排斥的概念超越了经济的和能力的幸福观。”（乌德亚·瓦格尔，2003）

从经济状况方面看，城市低保对象的收入水平相当低下，其主要来源，是国家的社会救济金（祝建华，2009）。许多城市低保对象因为身体病残的原因而无法工作。城市最低生活保障家庭的消费支出主要还是以实物支出为主的，医疗和教育成为家庭的沉重负担。同时他们的住房状况堪忧，除了政府提供的廉租房外，许多城市低保户家庭的住房面积狭小（祝建华，2009）。虽然城市低保制度在适当的时机给予贫困家庭基本生活救助，在一定程度上能够帮助城市贫困家庭维持基本生存需要，但是在一定程度上会造成失业和贫困陷阱，使得这一部分贫困群体更加无法参与市场经济竞争。对已经纳入低保制度的城市贫困家庭而言，如果不能通过就业等形式有效参与市场经济的竞争，那么这些家庭就丧失了自我发展的能力，一味依赖国家的社会救助，势必在很长的时期内不仅无法摆脱贫困状况甚至会导致贫困的代际继承，陷入社会排斥的恶性循环（祝建华，2009）。个案家庭 R，小孙：“我也很想到外面去找一份工作的，但是每次到外面找工作面试的时候面试官看到我的基本情况是父母离异，家庭情况差的时候，好像会犹豫一会儿的，我想这个对我的就业也是存在一定影响的吧。”从这个案例中我们不难发现贫困家庭是受到社会排斥的，同时社会也在潜意识中对这类困难群体产生偏见，限制了他们发展的机会，使得他们贫穷的生活现状无法从根本上改变。在劳动力市场上，劳动者有强烈的就业愿望，但是由于他们自身的技术水平、就业制度安排等因素使得多数低保家庭被排斥于劳动力市场外；在社会福利制度上，社会排斥具有双重性质，中国城市制度转型之前，贫穷社群是被社会福利制度整合的群体，他们在被社会就业制度排斥的过程中，在某些社会保险制度的保障下，解决了生活的部分困难，在一定程度上被社会保险制度整合，但是，不少家庭由于缺少某些社会保险，又成为被社会福利制度排斥的社群；在社会关系（同事关系、同学关系、邻里关系、亲属关系）向度上，国内研究调查后发现，贫困社群是以社会关系的类型而被社会排斥的，尤其以业缘为基础的同事关系和以学缘为基础的同学关系弱化的情况比较严重，相对来说，以地缘为基础的邻里关系和以血缘为基础的亲属关系，虽然也有一定程度的弱化，但是有些家庭依然以亲密和互助为特征（彭华民，2007）。因此，消除社会排斥和资源约束也是解决贫困的一种方法。

（二）行为惯性

在本章中行为惯性可以理解为，城市低保户家庭在申领低保金之后，有了基本的生活保障，使得他们对于工作的意愿下降，认知也会改变，依赖社区条件限制下的生活方式就成了主要的未来的选择（韩克庆、郭瑜，2012）。这里已经形成一种负向的行为惯性。如个案家庭S，杨先生："前些年很多人都下岗了，我也没能逃脱这样的命运，于是就一直待业在家，后来也出去打打散工，但是却没有单位愿意正式与我签下合同，我的生活一直很不稳定，后来就只好吃低保了，靠吃低保过日子已经很多年了，本来也想靠自己的，可是社会不接受我，而且现在坐在家里也有政府提供救助，我也就习惯了，你说要我现在到外面找份工作我还有点不愿意呢。"这个个案很明显地表明贫困家庭在享受城市最低生活保障制度的时候，大大降低了其对就业的意愿，同时也改变了其自食其力的认知，反而形成了一种负向的认知：没有工作国家会养，这样的认知显然会使其产生对福利的依赖，同时习惯性地认为是理所当然的。毋庸置疑，在这样的负面认知下，贫困家庭的生活境遇很难得到改观，这不仅使贫困在代内延续，同时也将这样一种认知传递给下一代，从而产生贫困的再生产现象，难以达到遏制贫困的效果。这种偏离传统社会认知的改变，对未来没有理性的计划、个人的热情与向上流动的期望，促使着社区的生活方式更孤立于主流社会，不良的后果也就会循环至下一代（Wacquant & Wilson，1989）。

四、贫穷标签与制度依赖

（一）贫穷标签

在社会关系层面，城市低保救助对象的社会交往主要维持在传统的人际交往圈当中，传统的地缘、业缘关系占主导地位。年龄和疾病阻挠了许多城市低保救助对象对社区活动的参与，这些贫困群体遭受到了来自自身的自我排斥。城市低保家庭与周围邻里之间的互动较少，具有典型的现代都市社会特征（祝建华，2009）。

低保制度由于制度设计的缺陷，在制度上可能会对一些城市贫困群体形成制度排斥，除了基本的生存权利之外的其他权利难以得到保障。另外，城市低保家庭的社会关系网络狭窄，在城市低保制度实践中，存在的标签效应和耻辱感极有可能会导致城市低保家庭遭受社会关系层面的排斥（祝建华，2009），他们因而也被贴上了贫穷的标签。

个案家庭N，小黄："我从小家庭条件都不太好，父母都有轻度的残疾，没有固定的工作，居委会也帮我们办了低保，可是这以后，为了得到学校的补助，我们必须出示低保的证明，这样同学们就都知道了我家里的情况，我很自卑。每次想要和小朋友一起玩的时候，就会有别的小朋友走过来说我们家里很穷的，叫别的小朋友不要和我一起玩，我很难过。别的亲戚也不愿多和我们来往，说我们是穷亲戚，什么忙也不肯帮。让我感触最深的是，我在面试的时候当别人问起我的家庭的时候，面试官的表情就像冷了一大截。"从小黄的表述中我们得知她由于从小被贴上了贫穷的标签，在学校里、社会支持网络中都受到一定程度的排斥，也影响到她的就业，从而减少其向上流动的机会。

（二）福利依赖

在领取了低保金之后，低保家庭成员形成了福利依赖，低保金虽然帮助了一部分人缓解了贫困问题，但是却又从另一方面形成了"养懒汉"的问题，使人产生了福利的依赖。个案家庭O，梁："实话说，现在让我到外面去做做保安拿一点点钱，我还不如待在家里玩玩呢，干活又累，像我这种年纪大的人出去也找不到什么好的活了，而且也没有什么技能，与其一天到晚站在外面不如舒舒服服地待在家里，还有低保金拿。”这就是很明显的福利依赖，因为他在主观意愿上并没有想要通过自己的努力摆脱贫困，所谓“破罐子破摔”。

社会上存在这样的一种人群，其本身好逸恶劳或认为失业后找到的工作不够体面而不愿意“丢面子”，宁愿靠低保生活（段小林，2008）。这部分人尽管日子过得很简单，但他们觉得日子过得轻松悠闲，甚至成天蹲在一起打牌、打麻将之类的（蓝云曦、周昌祥，2004）。“不想工作，工作干吗，又累又苦，而且工资太少，反正和低保金也差不了多少，不工作了以后还能和邻居打打麻将，聊聊天，而且麻将桌上有时候赢钱的话还能当作贴补家用，不是也蛮好的。”这就是典型的自身主观原因造成的福利依赖而导致贫困。

第六节　小结与讨论

最低生活保障制度实行过程中产生的福利依赖与机会剥夺的现象已经被越来越多的社会研究学者关注，本章通过对上海 50 户低保家庭的深入访谈所收集到的信息进行分析，可以得到以下几点结论：

通过对 50 户低保户家庭生活史的分析，本章将贫困的历程与周期的轨迹分为现实型与理想型，同时再将被访家庭生活状况分为上升、水平和下降。于是将低保户家庭的生活分为现实/上升、现实/水平、现实/下降、理想/上升、理想/水平、理想/下降，总共 6 种生活状态，从而清晰地表明当一个家庭陷入贫困时，当低保制度和社会关系网络的支持及时介入之后，一部分家庭脱离贫困，而另一部分家庭始终处于持续贫困的状态。

在本章中我们将“M”形来表示贫困周期特征与逻辑：低保家庭总是在贫困与非贫困中徘徊，当一个家庭陷入贫困时由于低保制度的介入及社会关系网络的支持，同时通过自身的主观努力渐渐地摆脱了贫困。但是却由于外在的一些不可抗拒的因素（如重大的生命事件等）而导致家庭及个人再次陷入贫困，而这个家庭及个人就是徘徊在贫困线上下，但却始终不能彻底摆脱贫困的一种状态。

本章用“连锁-削弱”与“累积-集中”来表示贫困事件连锁出现，累积在一起削弱了摆脱贫困的能力与主观意愿，导致其生活环境更加恶化，持续性地陷入贫困并且加深了贫困的程度的一种现象；贫困的再生产阶段产生了单一性的贫困的代内延续和单一性的贫困的代际传递以及双重性的贫困的代内延续和代际传递（何冬春，2008）。

从社会工作视角来评估现有的低保制度政策存在正面和负面的影响。正面的效果包括，一是对低保户家庭居民的权利赋予与制度支持；二是低保制度政策对城市居民基本生活保障的同时也注重对其的能力发展。而其负面影响也是显而易见的，一是对低保户家庭的资源约束与行为惯性，主要涉及机会剥夺等；二是低保家庭在享受低保制度的同时已被贴上了穷人的标签，这样就产生了社会排斥和社会不公，从而导致贫困的再生产，以及低保户家庭对福利的依赖。这不仅加重了国家的负担，也不能缓解贫困的进程，同时又形成了一种负面的社会效应。

第二章

城市低保家庭的福利保障项目、服务输送以及影响因素：上海闵行区的个案

当前，城市贫困这一问题愈发显现出来，成为了我国社会发展中的一个重要社会问题。进入21世纪后，城市低保的问题依然严峻，当前我国城市贫困人口的基数十分庞大，并且有扩大之势，是亟待突破的问题。本章在对上海闵行区浦江镇社保中心的调查基础上，评估低保家庭不同需求的满意度与城市低保制度实施的满意度，找到制度所提供的福利服务在传输过程中的满意度和真正的需求，探索如何设计完善城市居民最低生活保障制度的政策。本章认为低保制度可以进一步优化，提供与低保家庭结构相契合的救助模式，创造更多的就业机会，排解低保依赖与贫困持续之间的福利效应并且加大能力建设。

第一节　问题、回顾与路径

一、研究问题与文献回顾

城市居民最低生活保障制度是按照最低生活保障线标准进行救助的新型社会救济制度，是对我国传统社会救济制度的改革、完善和发展，是社会保障体系的“最后一道保障网”（郑青、夏国永，2010）。1993年5月，上海市率先建立城市居民最低生活保障制度。通过不断完善低保制度发展到现今，低保的救助对象范围扩展到了在职、下岗、失业人员及家属；在保障形式上，又有社会保险、社会救助、社会福利、社会慈善等多种方式。从2001年到2011年，上海

市浦江镇最低生活保障累计人数已从1039人上升到14478人，累计支出也从4.06万元上升至379.07万元。为促进低保人员就业，上海在2002年引入救助渐退措施（沪民救发〔2002〕59号），部分低保人员退出低保重新就业，低保制度的实施可以说在一定程度上缓解了城市贫困问题。但只是留在短期内解决问题的层面，减缓了这种贫困矛盾的增长速度，却无法有效地抑制消除贫困。

本章在上海市闵行区浦江镇实地调查以及综合现有文献研究和调查资料的基础上，试图以浦江镇低保家庭的需求为切入点，评估家庭成员的不同需求满足情况，并根据图示来观察当前低保家庭的需求满足度与低保制度的满意度。根据分析结果从制度、主体、福利方向来寻求破解之道，为深入推进低保制度建设寻求新的轨迹和动力。如何根据低保家庭的现实需求和需求变化的新特点，以有限的保障资源最大限度地提高保障效率，减少社会动荡，确保社会稳定而健康地发展，这是非常值得研究的新课题（杨来胜、郭殿生，2005）。

综合国内外相关研究，本章发现以往的相关研究为我们的本项研究提供了基础，同样也有需要继续拓展的地方。英国研究贫困问题的学者汤森提出，贫困可以分为三个层次，即维持生存、基本需求和相对遗缺。香港的莫泰基也提出，贫困可以分成绝对性贫困、基本性贫困和相对性贫困（唐钧、王承思、蔡京睿，2000）。

需要研究是社会学科的共同领域，政治经济学将其定义为与特定目标相联系、以某种策略达到的；心理学按其对人类生命的意义不同而有需要层次理论……国内学者对于贫困家庭的需要研究主要概括为以下四个方面：经济性需求、社会性需求、心理性需求、制度性需求（陈洪泉，2005；晋长华，2010）。经济性需求是人们最基本的需求，是他们能够获得的资源或者收入难以满足基本生活需求以及医疗、子女教育等方面的需求。社会性需求强调致贫的社会原因，比如缺乏社会支持、缺乏获取和支配资源的权力、遭受社会排斥等。当然除了普遍存在的经济问题，贫困家庭还存在家庭失和问题、自我封闭问题，因此就会对婚姻辅导、亲子关系辅导、自信心和个人成长训练等心理辅导与治疗产生需求；而制度性需求主要是贫困家庭有了解和分析与自己生活密切相关的制度的需要（晋长华，2010）。

一般认为，社会救助是社会保障体系中的最后一张安全网。社会救助在资产审查的基础上，为有需要的人提供福利和服务，以助其达到基本生活水平（Gough et al，1997）。经过资产审查而后提供社会救助，是许多国家长期采用的一种福利形式，并且被认为是公平与效率的有机结合（Hill，2006：83；转引自韩克庆、郭瑜，2012）。

近几年却发现在城市领取低保的家庭中慢慢开始产生许多问题，除了低保家庭贫困持续的内在限制，还有家庭贫困的社会剥夺处境和难以脱离贫困的福利效应困境。一方面生活贫困往往会带来很多负面的影响，一旦被人们得知生活靠“吃低保”维持，就会被戴上一种有色眼镜看待，有形无形地就会剥夺了很多机会，在缺乏享受房屋、教育、医疗健康和获取服务的权利上，贫困通常是最明显的因素。但另一方面，政府的最低保障制度会使一些人有形无形地依赖于该福利制度，没有人会对“免费的午餐”拒之门外，相反地助长了人的惰性。现有的社会保障制度在实施范围上不断扩大，实施力度上也不断加强。

关于社会福利对于贫富差距调节和经济发展的作用，学术界并未达成共识。本章主要审视的是福利依赖问题，以及福利保障项目及其服务输送对于福利依赖的影响。从国外相关文献看，批评者认为福利会对接受者和他们所处的环境产生一系列的负面影响（Meyer&Duncan，2001），其中包括直观的福利依赖（Saracen，2002），以及广义上与依赖相关的种种弊端，如福利领取的代际传递（Beaulieu et，2005）、贫困陷阱、福利欺诈（Hill，2006）等。然而，无论是福利领取时间过长、福利领取的代际传递，还是贫困陷阱和福利欺诈，从根本上讲都是源于福利依赖及其对就业的负面影响（韩克庆、郭瑜，2012）。

当前的城市居民最低生活保障制度，更多的是基于共性的需要，因为解决差异性需要问题必然缺乏效率（晋长华，2010）。这意味着在最低生活保障制度与低保家庭实际生活之间必然存在着空隙。洪大用教授曾系统讨论过城市居民最低生活保障制度产生的延伸效果，他指出，由于稳定的预期导致了不可忽视的“制度依赖”。“在没有工作的低保对象中，46.6%人没有再就业的意愿”，似乎正在建构一种相对稳定的贫困文化（洪大用，2005；周昌祥，2006；宋蕊，2010；李棉管，2008）。在近10年的贫困和反贫困研究里，绝大多数论述报告都是以政府为潜在对话主体的。但是穷人也是发展主体，公平的发展意味着接受多样化的、非线性的发展模式，贫困人群所认同的地方性文化、民族文化不应当被忽视。贫困是发展主体的发展权利实现不足的表现，每个主体都有发展的权利（沈红，2000；胡联、孙永生，2011）。此外，在贫困的研究中，出现了消除“社会剥夺”和“社会排斥”的观念，社会排斥是贫困问题研究中继绝对贫困和相对贫困、能力不足带来的贫困之后的新理论。于是国际社会政策研究界将社会政策的目标从“克服贫困”转变到了“消除社会排斥”上，这一转变就将贫困问题的解决从表象转向了根本（胡联、孙永生，2011）。1995 年在丹麦哥本哈根召开的“社会发展及进一步行动”世界峰会将“社会排斥”视为消除贫困的障碍，要求反对社会排斥（Gordon，2000）。

由于这些研究都是从基本性需求出发展开的，没有考虑到需求的差异性，所以低保家庭的福利输送现状并未得到改善。因此通过对城市低保家庭中不同需求分析，以及需求满足程度与制度满意情况的研究，可以挖掘出阻碍因素，并且找到阻碍福利服务传输的阻碍因素。通过对浦江镇社保中心的研究，探寻如何完善城市居民最低生活保障制度的政策设计，丰富了对社会政策的意识形态分析的相关理论及分析范式。

二、研究方法和分析路径

本章研究侧重纵向研究的技术，收集的资料主要来自上海市闵行区浦江镇社保中心 2012 年的统计材料。在深入调研中，我们采取了口述史的策略，从而能够获取整个家庭在贫困历程中的动态资料。在资料的分析中，注重质性研究的技术，采取叙说分析的策略，找到导致数据变化与停滞不前的根源。

（一）实地研究

实地研究法主要是采用个案的研究方法，在浦江镇随机抽取低保家庭进行深入的个案访谈。根据访谈提纲的主线与低保家庭中的家庭成员进行沟通，聆听他们的生活史。在实地研究中，观察低保家庭生活的社区，考虑社区的环境对于这些家庭的影响，找寻出他的关系机制以及是否存在社会救助机制问题，从而有效地寻找相应解决的破解之道。

（二）文献研究

文献研究围绕低保家庭的需求和社会救助制度、福利逻辑等关键寻找国内外对这些问题的研究的基本结论，以及研究发展的一些最新观点，为本章的研究提供了重要的支持。文献研究法是选择合适的文献进行阅读并研究，摘抄文献中可适用于本章研究的作者观点及理论，并且参考文献中的一些相关统计数据资料，认真研读文献中的报告。因为文献中作者的观点大都是已经成熟了的，可以给我们在本章研究问题中提供一些可靠的线索，并从中得到启发。其中，适用的文献不仅为与本章研究问题相关的书籍，还可以包括有关政府部门的文件以及一些社会政策。此文研究主体为低保家庭成员，因此可以涉及的有城市居民最低生活保障制度、福利输送、就业、社会公平、福利依赖等。

（三）口述访谈

从社保中心工作人员和低保对象口述生活史的过程中得知与本章研究问题相关的信息，即工作人员对工作中出现的问题的解决办法以及对长期无法解决的老大难问题的表述，生活上发生重大改变以及低保对象的基本生活状态和态度，包括对现状的认知，从叙述中整理出低保家庭是由于何种原因致贫，以开放性的问题来引导低保家庭阐述当前的迫切需要和对于自身如何脱贫的想法，对目前政策实施的满意程度以及有待改进的地方。在对社保中心的调研中，用换位思考的角度，记录下对于工作中与低保家庭的沟通以及难点的解决思路。

（四）质性分析

结合访谈记录和文献研究，考虑城市低保家庭文化知识背景、历史根源等影响因素与低保家庭成员的不同层次需求满足情况以及对低保制度的认可程度之间的关系，从制度与主体两个层面寻求解决方案。

（五）分析路径

本章的分析路径主要通过对浦江镇社保中心的调研，掌握低保家庭的福利待遇、政策实施、困难因素等情况，挖掘低保家庭生活的需求和困境，分析低保家庭对于自身和周围世界以及政策的认识和需求，探讨其贫困产生的根本原因和在低保福利待遇的输送过程中产生的问题并探寻破解困境之道。

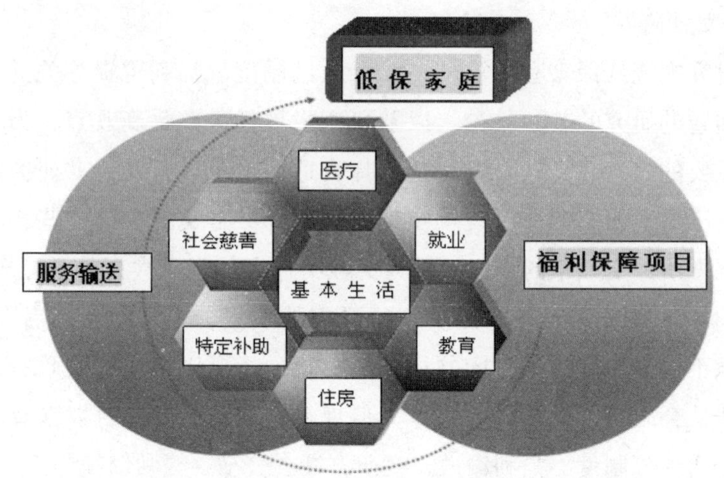

图 2-1 城市低保家庭的福利保障项目及服务输送

低保家庭的福利保障项目在服务输送的过程中，主要在医疗、教育、就业和住房四大板块上对低保家庭有显著帮助与改善。在这四大板块输送至每个低保家庭的过程中，有着许多意想不到的问题，被舆论过分关注的审查问题就是在一开始的门槛问题上的主要阻碍因素。工作公平也是社会普遍关注的问题。低保政策的实施虽然为大多数群众所认可，但是这种制度在操作过程中存在较多的搭便车现象，使其功能大打折扣（梅建明、刘频频，2005）。

低保家庭的社会救助体系，已经构建了面向低保家庭各种福利保障项目的服务输送机制。其中，以最低生保障为核心和基础，涉及到各种福利保障项目，比如医疗救助、教育救助、住房救助、就业救助、临时救助（特定补助）以及社会力量参与的慈善救助等等。为了保障低保家庭的基本生活，在可持续的基础上不仅要确保托底救急，还要促公平保权利。低保家庭社会救助体系经由一些列社会福利保障项目向最低生保障家庭的集中，从而不止实现社会救助的救助成效，还希望能够在分类救助和瞄准实施的基础上有效调动低保家庭脱贫的主体能动性和目标达成的可能性。本章通过对保家庭福利保障性救助项目的考察，了解有关低保家庭社会救助政策的服务输送状况以及机制，并探讨与之有关的实施成效以及问题和影响因素。

最后，对资料进行整理以及分析。通过整理后的资料分析低保家庭的真实现实需求和对现今保障项目实施的满意度，找到福利保障项目和服务输送的影响因素。在得出分析结果后，本章着重探讨如何优化福利保障制度，帮助低保家庭脱离贫困，达到社会救助的真正目的。

第二节 个案概要：上海市浦江镇低保家庭社会救助运行架构

城市居民最低生活保障制度，是按照最低生活保障线标准进行救助的新型社会救济制度，它是对我国传统社会救济制度的改革、完善和发展，是我国社会保障体系中的“最后一道保障网”。1993 年 5 月，上海市率先建立城市居民最低生活保障制度。通过不断完善低保制度发展到现今，低保的救助对象范围扩展到了在职、下岗、失业人员及家属；在保障内容上，有养老、医疗、失业、生育、工伤等不同品种；在保障形式上，又有社会保险、社会救助、社会福利、社会慈善等多种方式。政府投入了大量资金后，低保制度的实施可以说在一定程度上缓解了城市贫困问题，但只是留在短期内解决问题的层面，减缓了这种贫困矛盾的增长速度，却无法有效地抑制消除贫困。

在闵行区，陈行、杜行、鲁汇三镇合并，成立浦江镇人民政府。与此同时，浦江镇社会救助事务管理所成立，各项社会救助工作先后开展。

一、浦江镇生活救助状况

浦江镇自建镇起，认真落实低保政策，严格规范救助工作人员的业务水平，不断强化低保对象的动态管理。按照城乡最低生活保障办法，将保障人员进行分类动态管理和复审，及时办理增发、减发、停发保障金手续，做到实事求是、客观公正、严格把关。2011 年，在做好日常低保受理审核工作的同时，对于复审难点村，进行区、镇、村、组四级评议，进一步推进民主和透明。历年的社会保底工作切实保障了浦江困难群众的生存生活，促进了浦江社会的和谐构建。

表 2－1 浦江镇 2001—2011 年城乡低保补助发放情况一览　　单位：万元

年份		2001	2002	2003	2004	2005	2006	2007	2008	2009	2010	2011
农村	人次	4857	6050	8865	11856	14668	16384	20035	18892	22027	19715	16252
	金额	9.46	14.95	31.24	60.97	110.97	124.44	161.39	184.41	152.76	189.04	192.28
城镇	人次	1039	1368	1959	2862	3558	4548	6622	8741	11113	13383	14478
	金额	4.06	8.05	19.98	40.65	61.22	85.46	106.82	179.01	240.49	309.12	379.07

二、浦江镇医疗救助状况

为进一步完善本市社会救助制度，配合基本医疗保险制度改革，缓解城镇贫困市民的医疗困难，2001 年《关于做好医疗救助工作的实施意见》（沪民救发〔2001〕9 号）出台，对于医疗救助的对象、申请的条件和标准、救助费用的计算、资金来源及管理都作了明确的规定。因病致贫是社会困难群体中的突出问题，为了缓解困难群体就医压力，贯彻落实好医疗救助政策尤显重要（马进、赵明，2007）。2011 年，浦江镇享受市、区两级医疗救助政策的有 1266 人次，救助资金 497.6 万元。

表 2－2 浦江镇 2001—2011 年医疗救助发放情况一览　　单位：万元

年份	2001	2002	2003	2004	2005	2006	2007	2008	2009	2010	2011
人次	208	368	505	886	1100	967	915	1317	1106	1040	1266
金额	44.54	69.79	110.8	199.13	219	233.82	229.98	351.11	392.57	369.50	497.60

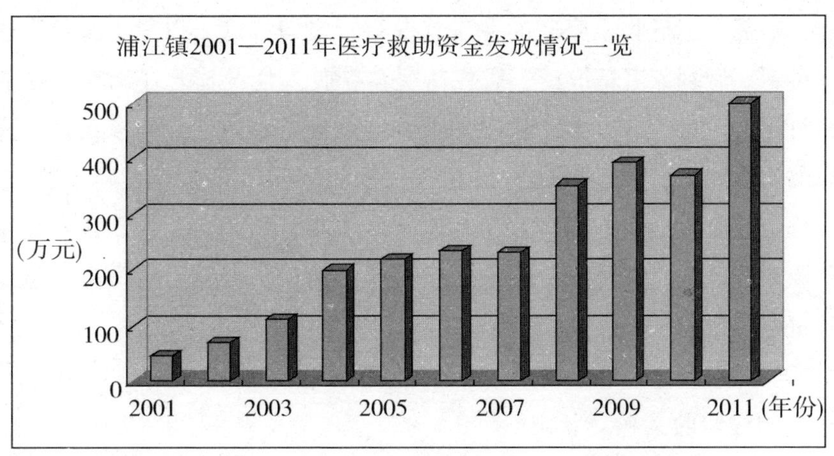

图 2－2 浦江镇 2001—2011 年医疗救助金发放情况

三、浦江镇教育救助状况

教育攸关一个民族、国家的未来，教育平等的意义比经济平等更深远，对于困难家庭学生的助学可以有效缓解社会困难群体子女的教育问题，给予他们一个同样光明的未来。而贫困家庭学生的学成工作，往往也是困难家庭脱贫的重要途径之一。自上海市救助制度出台，教育救助政策就紧随其后，近年来不断在实践中探索，面对不同就学年龄段的贫困家庭学生先后出台了各式助学保障政策。

2000 年，浦江镇成立之初，上海市助学政策仅面对中小学生学杂费减免一项，救助所负责低保出证工作，具体费用的减免则由教委办理。2011 年，闵行区的助学政策已覆盖了幼儿园至大学的各个阶段，当年浦江镇共受理困难家庭适龄儿童资助 29 人，补助资金 4.47 万元；发放了春、秋季低保家庭中小学生助学券 545 张；低保家庭高中生“两免一补”的认定 27 人；出具低保学生的“教育出证”65 份；受理闵行区低保家庭子女资助高等教育学费 74 人，补助金额 34.78 万元。

四、浦江镇住房救助状况

危房改造工程是一项聚民心、暖民心、稳民心的工程，是政府的实事项目。

每年年初对低保、低收入家庭的住房状况进行调查摸底，以户为单位，建立危房档案资料，做到家庭情况清、居住情况清、收入情况清。在调查摸底的基础上，拟订年度危房改造方案，从解决困难群众最基本的住房需求出发，充分考虑各方的承受能力，区别不同对象和住房困难实情，采取新建、改建、扩建、翻建、修缮等方式，实施分类救助改建。2011 年开始，社会救助科仅负责对低保和低收入家庭进行核定，后续的面积核定和建设工作交由建设办跟进，职责和分工进一步明确。

五、浦江镇收入核对状况

2008 年上半年，为确保廉租房收入核对工作的顺利开展，上海市各街镇开始着手建立收入核对工作队伍，并对收入核对工作人员进行专业培训和考核，实行持证上岗制度。

2010 年，闵行区和徐汇区作为经济适用房申办试点区县，收入核对工作同步开展，浦江镇开始接受社会咨询，最终全镇辖区内 1 户家庭提出申请。通过收入核对系统，确认该家庭符合申请条件。

上海市经济适用房申办工作 2011 年全面铺开，浦江镇积极响应上级要求、大力宣传经济适用房有关政策，热情接待前来咨询的老百姓，详细解释各项申请准入条件。全年共有 3 户家庭提出申请，最终 2 户家庭通过收入核对顺利获得住房。收入核对机制的建立，确保了政府财政资金的有效使用，使社会救助工作管理更动态、操作更透明、发放更公平。

案例 20：张先生，49 岁。他说："买房子当然是我的梦想，但梦想也仅仅是梦想，我们这样的家庭，暂时也就不考虑了，如果我们这里拆掉了，我们也会申请廉租房。上海物价那么高，像我们这种家庭哪买得起房，现在的生活都过得紧巴巴的。"

经过严格的审核和最后的抽签环节，跟踪调查后证实张先生一家通过政府的帮助和协调，成功申领一套廉租住房，可谓是一大乐事。这样一个例子不仅仅是帮助到张先生这一户，更是给周围相同处境的居民打了一剂强心针。政府出台的政策是真正能够落实到群众中来的，不是空话。社会救助政策是真正落到实处的惠民政策便民政策。

第三节　低保家庭的福利保障项目状况：社会救助体系的内容框架

一、内容框架

社会救助是依据法律规定，政府和社会对因自然灾害或其他原因而无法维持最低生活水平和低收入的个人或家庭给予帮助，满足其生存需要的制度。社会救助的目的是保障被救助者的最低生活需要；社会救助的对象主要是失业者、遭到不幸者；社会救助的基本特征是扶贫；社会救助的基金来源主要是国家及社会群体，是发展市场经济的内在要求（钟媛慧，2011）。社会救助制度的目标是克服现实的贫困，它在公民因社会的或个人的、生理的或心理的原因致使其收入低于最低生活保障标准而陷入生活困境时发生作用（任振兴，2003）。

因此，一般会有一套称为“家庭经济情况调查”的法定工作程序来审核申请救助的公民的收入状况，主要包括：个人申请、机构受理、立案调查、社区证明、政府批准。能否得到社会救助的关键在于申请者个人收入或家庭成员的人均收入是否低于政府事先确定了的最低生活保障标准，有的国家或地区还要调查申请者的家庭财产和工薪之外的其他经济来源（刘永庭，2009）。这种“选择性”原则是社会救助最为突出的特点，它能保证有限的社会救助经费切实地用到最需要的人身上。

社会救助制度提供的仅仅是满足最低生活需求的资金或实物，目的是在公平与效率之间寻求适度的平衡。它不问致贫原因，只看受助者是否真正贫困，是社会保障制度中的最后一道安全网。它的责任仅仅是使受助者的生活相当于或略高于最低生活需求，以避免产生依赖心理或者不劳而获的思想，只要受助者的收入超过最低生活标准，救助行动就相应中断（杨芳，2005；陈小平，2008；李长平，2008）。

二、运行状况

申请低保救助的公民大致需要四大个板块流程，一个阶段都马虎不得。

首先是申请人向户口所在地村（居）委会提出申请，包括申请书、户口簿（首页以及家庭所有成员）、居民身份证（家庭所有成员）复印件、家庭收入情况的有关凭证、下岗证（城市低保）、残疾证复印件、重（大）疾病医院病历或医院证明、解除劳动关系合同及清算协议等证明材料（城市低保）和管理审批机关认为需要提供的其他有关证明材料。

其次是居委会受理。主要流程为受理低保申请。城市低保填写《城市居民申请低保补助入户调查表》。通过入户调查，召开居民干部、居民代表会议，对申请人家庭基本情况进行调查和评议。将评议和调查情况在居委会和居民集中地方公示地点不少于5处，公示时间不少于7日。

再次是街道民政办审核上报的申请材料。通过入户核查、邻里访问及信函索证等，对申请人的家庭经济状况和生活水平进行核查，符合条件的填写《城乡低保金审批表》，签署意见，报区民政局；对符合低保条件的户，在政务公开内进行公示，公示时间不少于7天；实行分类施保、分类管理。

最后为区民政局审批。审批、核发《城市居民最低生活保障金领取证》，并且依据文件对城乡低保进行年度审核和提标扩面等工作，对不符合低保条件家庭，在30天内下发“不予保障通知”。

个人申请和机构受理是前期的基本步骤，立案调查阶段表明已经采纳了公民的申请开始审核工作，最后的社区证明和政府批准考量是至关重要的一步，对于老百姓而言，成败都在于此。现今这个高科技社会，舆论的压力下任何人都是在放大镜下生活。自从低保政策实施开始，就已经有太多次报道矛头对准了开着高档轿车吃低保的家庭人员，竟然开着高档汽车在经济适用房里住。尽管如今，人们生活水平都提升了，但两极分化也越加明显。

案例8：施女士，46岁，结婚离异之后独自带着一个女儿，单亲家庭，一直无稳定和正式的工作。10年前和丈夫离婚后，和上初中的女儿一起生活。和丈夫离婚后，由于自己没有正式的工作家里也就没有可靠的收入来源。为了给女儿治病，家里还东借西借欠了亲戚不少钱。为了还债和供孩子念书，我会到一家广告公司做清洁工，每月1000元左右的工资。2005年，在骑自行车去工作的路上自己不小心把胳膊摔骨折了，只得回家修养。由于没有了生活来源，当年便申请了低保。申请低保后，我们的生活就变了，每月有固定的872元收入。还在居委会的帮助下申请到廉租房，这样每个月就可节省360元的住房租金。另外孩子的学费也免了，每年还可节省约两千多元的学费。这样算下来，我的实际收入就超过了原来。另外，每到逢年过节，社区的送温暖活动都给我家一些特殊的补贴。在谈及自己的生活经历时，她唉声叹气了很多次，并希望女儿尽快读大学，这样家庭境况就会好起来。

案例11：李女士，49岁，下岗工人。儿子今年21岁，大专学历。现在当前问题是家里住房条件实在不佳，对于经济适用房的购买抱有很大期待。但是李女士也非常担心这个社会的不公平待遇。“要有钱有本事的人才能拿到号码买到房子!”

案例4：小王，男，20岁，中专学历。父母都在工厂工作，因为收入有限，父母经常加班，有时父亲也会在双休日或者下班之后到外面做一些临时工。虽同住一个屋檐下，但是与父母接触交流的时间很少。面临娶妻的问题，由于低保家庭的关系，虽然小王的女友同意，但女方父母极力反对。小王因此工作意志消沉，父母也唉声叹气。

根据我国社会救助工作的实际情况和发展需要，社会救助法律框架设计时，在确立核心规范，保持法律基本稳定的前提下，同时预留出适度调整空间，兼顾稳定性与开放性、变动性，实现法律自动调整（朱勋克，2007）。法制社会也有讲人情味的时候。低保制度的普及改善就是人情味的展现，但是还需要更好地优化，让低保家庭也能感受到人性化。另外，社会救助任务的加重催生了现代意义的社会救助法律制度，而经过归纳和抽象的法律制度也在社会救助发展过程中不断地调适修补，变成一种“经常性”的制度，具有普适性，不仅适用于转型时期，而且今后发达的社会救助体系中，还将经常地、持久地起到广泛的规制作用。因此，要推动社会救助立法上的标准化、指数化和模型化（祝建华，2009）。

三、实施空间

低保制度的实施至今仍有许多不尽如人意之处，最为明显的就是在这项制度实施两年之后，为学术界普遍认可的1400万贫困人口中，只有四分之一的人享受到了低保，而四分之三的人受到了社会排斥，游戏规则的纰漏在这里暴露无遗。一般而言，在保障范围上造成这么大的缺口是与制度的设计和实施密切相关的（单琦，2011）。

第一个问题是思想观念问题。中国传统的社会救济制度是专门针对“无劳动能力”的边缘群体的，在今天，这种思维定式在民政部门和基层干部中仍然有其强大的影响力（唐钧、王婴，2002）。但是，在中国于20世纪90年代初确立了以市场经济为目标的改革目标后，在体制转轨的过程中，陷入贫困的不再是清一色的“无劳动能力的人”，有劳动能力但失去工作机会的人已经成为贫困群体的主体（李峻、李华明，2002）。但由于游戏规则本身还存在着漏洞，使得种种对贫弱群体的社会排斥有机可乘，最终造成了低保制度的实施至今还难尽如人意（单琦，2011）。

第二个原因，也是一个深藏在背后的原因实际上是经费负担问题，其中最主要的是区财政的实际支付能力的问题。由于低保制度的经费常常有50%以上来自区级财政，而在大多数地方区级财政的负担能力又实在有限。另一方面，越是贫困的地方，贫困家庭就越多，而区级财政支出的绝对数额就会越多，这又造成了经费负担上的一个悖论。发展经济学理论中有一个“水桶原理”：一只水桶能盛多少水，是由最短的一块桶板决定的。而目前区级财政负担过重已经成为低保制度实施中的“最短”。不解决这个问题，正确贯彻落实条例精神就是一句空话（周昌祥，2005）。

四、公民权利的干预与实现

提供社会救助是政府的职责之一，这也符合当代各国福利行政、给付行政的发展趋势。“公民权利才是政府权力之源，政府是为人民而存在的”（朱勋克，苑仲达，2007）。我国当前的社会救助中掌控着话语权的，是社会救助名副其实的决策者、管理者、执行者和监督者，其公权力对社会救助的干预是全方位、全过程的。从权力划分来看，政府在社会救助中享有立法权、行政权和监督权；从责任划分来看，政府是社会救助的责任主体，承担制度设计并履行给付义务（张秀兰、朱勋克，2009）。公权力干预是公民基本权利实现的决定性因素（张静，2010）。对政府权力的法律控制是贯穿于社会救助法治全过程的中心主题。“由于缺少对权力的有效制约，使得我国公民的人权也面临权力的巨大威胁，应该说这是我国人权立法亟待完善和加强的地方”（朱勋克、佘友根，2007）。加强对行政权力的制约和监督是依法行政的核心，也是我国依法行政制度中的薄弱环节。建立有中国特色的社会救助体系，必须首先规范政府公权，切实依法行政，以权利、监督、责任等制约政府公权（李国华，2006）。

一方面政府干预社会救助的权力要正当合法，防止政府权力异化。由于政府在社会救助中权责的特殊性，必须通过立法界定公权力，使政府社会救助的管理内容合法，权责明晰。另一方面，防止公权力“合法”异化。立法是国家权力的程序性分配，保障各项权力对人民的忠诚是立法的根本目的。社会救助立法必然担负保障权利（生存权）、制约权力两大任务（杨芳，2005）。社会救助公权力不可能只集中在一个或者极少数几个部门，所以必须通过法治对政府公权进行合理分配，既要防止权力过分集中形成“垄断经营”权力；又要防止权力分散，多头管理，以致职能交叉，相互推诿扯皮，造成公共权力的“重复建设”和浪费。要加强社会救助中政府公权的监督，加强社会救助立法权的制约，规制政府“造法功能”的不良膨胀，避免“法”之泛化（朱勋克，2004）。

有效解决困难群体的生活问题，满足其基本的物质和精神需求，是全面建设小康社会的一项十分紧迫而重大的政治任务和现实课题。最值得关注和探讨的就是最低生活保障制度的应保尽保问题。政府公权力是社会救助的主导力量，但政府不是万能的，不可能在社会救助中完全“包干到底”，如低保对象应得收入核实，低保资金监管、灾害监测、灾情评估等。社会组织和民众是我国未来社会救助事业的基本力量，其在社会救助中扮演的角色和所发挥的职能，毫不逊色于政府公权救助（朱勋克，2004）。因此要加快立法进程，规范社会救助的中间力量。

首先，为提升社会救助的实施成效，可以积极动员社会力量广泛参与社会救助。加快社会救助法治进程，规范社会组织和公民在社会救助中的义务，组织志愿者队伍，推进社会救助社会化，以满足困难群体的基本需求为目标，实现救助方式多元化（朱勋克，2004）。社会救助基于一定的事由（法律事实）而发生，虽然受助对象的需求受经济发展水平、地域、时间及自身条件等的影响不同是不一样的，但其根本目的都是保障基本生活需求。社会力量参与救助，可从物质需求和精神需求出发，采用金钱给付、物质帮困、沟通交流、心理疏导、精神抚慰等方式，从社会法领域实现对特定群体基本权利的有效保护。其次，规范救助程序，建立我国严密而强大的社会救助网络。中间力量的社会救助是我国救助多元化和社会化的必然趋势，通过立法设定一套程序，让各种社会力量进入此预设程序，可整合各种社会资源，形成合力，提高社会救助的规范性、透明度和公信力，以建立和维系有序强效、周全细致、可靠稳定的多方位全渗透的社会救助体系（朱勋克，2004；共青团江苏省委课题组，2011）。

综上所述，是制度层面、观念层面和资源层面的规则缺憾造成了低保制度政策过程中的社会排斥，而且这三个方面是互相制约、互相影响的，环环相扣而形成了一个恶性循环的怪圈（唐钧、王婴，2005）。

第四节　低保家庭的福利保障项目的服务输送：运行过程、实效评估以及影响因素

在社会救助的运行过程中，有关就业方面的救助是最受到关注的。但是也是一把双刃剑。虽然帮助低保家庭上岗获得收入是基本的初衷，但也出现了很多反面的例子，社会舆论的不断跟进和循环报道更加助长了许多歪门邪道。在对浦江镇社保中心的调研中也发现了许多负面的例子。

一、社会救助制度的运行过程与法规依据

城市低保制度的运行过程中申请程序有四条：（1）申请人向户口（含集体

户口）所在地的居委会提出申请，同时提交申请书、居民户口簿、申请人身份证和收入证明等材料。（2）居委会或委托经办机构对提出申请的家庭进行登记，填写城市居民最低生活保障待遇申请表，经调查核实后报街道办事处或乡镇人民政府。（3）乡镇人民政府或街道办事处对居委会上报的申请材料进行审核。对申请人的家庭经济状况和生活水平进行核查后，经主管领导签署意见后将申请材料上报县（区）民政局。（4）县（区）民政局负责对辖区申报城市低保家庭的审批。审批由县（区）民政局主管领导签字并加盖公章后，核发。

社会救助的申请条件有严格要求，家庭人均收入低于本市当年最低生活保障标准。申报条件，包括：（1）无生活来源，无劳动能力，无法定赡养人或抚养人的居民。（2）领取失业救济金期间或失业救济期满仍未能重新就业，家庭人均收入低于我市最低生活保障的居民。（3）在职人员和下岗人员在领取工资或最低工资基本生活费后，以及退休人员领取退休金后，其家庭人均收入仍低于最低生活保障的居民。审批流程，包括：（1）凡符合保障人员条件的居民，本人写出申请到所管辖的居委会申报。（2）居委会根据申请情况到申请人家进行实际调查，是否符合保障条件。（3）居委会把调查结果及相关证明报送办事处民政科核实。（4）对符合条件的保障人员发放城市居民最低生活保障申请表填写，报区民政局审批。（5）审批后对保障人员建档、建卡管理，方能领取低保金。

近年来，随着经济社会发展和居民收入水平的不断提高，人民群众对生活质量的要求越来越高，社会救助政策的制定也随之不断调整、演进。自上海市社会救助办法实施以来，城乡最低生活保障标准从最初的几年一变，到如今依据 GDP 和 CPI 等经济指数每年一调，标准的制定愈加科学、合理。救助政策的覆盖面也从最初的生活保障，逐渐扩展到医疗救助、教育救助、住房救助等，救助体系在实施过程中不断丰富、完善。

表 2－3 浦江镇社会救助机构的变化

<table>
<tr><th>成立时间</th><th>单位名称</th><th>办公地址</th><th>邮编</th><th>负责人</th></tr>
<tr><td>1998.03</td><td>杜行镇社会事务保障所</td><td>鹤坡路 66 号</td><td>201112</td><td>孙龙根</td></tr>
<tr><td rowspan="3">1998.06</td><td>陈行镇社会救助管理所</td><td>陈行镇南街 18 号</td><td>201114</td><td>胡秋文</td></tr>
<tr><td>杜行镇社会救助管理所</td><td>杜行镇谈中路 198 号</td><td>201112</td><td>谈政权</td></tr>
<tr><td>鲁汇镇社会救助管理所</td><td>鲁汇镇闸航路 2699 号</td><td>201112</td><td>沈叔华</td></tr>
<tr><td rowspan="2">2000.10</td><td rowspan="2">浦江镇社会救助事务管理所</td><td>浦星公路 1018 号</td><td>201114</td><td rowspan="2">陈晓明
沈叔华
沈引娣</td></tr>
<tr><td>浦瑞路 326 号</td><td>201112</td></tr>
<tr><td>2008.11</td><td>浦江镇社会保障事务中心</td><td>浦瑞路 326 号</td><td>201112</td><td>肖育芳</td></tr>
</table>

从 1998 年 3 月开始，闵行区杜行镇社会事务保障所作为闵行区社会救助工作的试点单位率先挂牌，是为浦江镇最初的救助机构。3 个月后，全市街镇救助管理所全面铺开，陈行镇社会救助管理所、杜行镇社会救助管理所、鲁汇镇社会救助管理所全部设立。2000 年 10 月，陈行、杜行、鲁汇三镇合并，浦江镇成立，原本分域而治的救助机构也合三为一，浦江镇社会事务管理所成立。2008 年 11 月，随着上海市新一轮机构改革，浦江镇社会救助事务管理所拆分，社会救助科与劳务所合并，更名为浦江镇社会保障事务中心。

1998 年至今，浦江镇的机构变化从笼统单一发展到现在的细化，说明了政府对于政策的细致研究和落实。也说明了对于低保对象而言，享受低保的质量也能提高，做到应保尽保。

二、社会救助制度运行实效评估

浦江镇在努力实施低保救助制度的过程中，做到应保尽保。在履行制度的同时，社会各界多年来积极参与各类慈善活动、踊跃奉献爱心，使镇各项慈善救助工作得以有效及时地开展。在有关部门的推动下，浦江镇慈善工作站陆续收到社会各界爱心人士、企业家的慷慨解囊，自 2006 年工作站成立至 2010 年末，共募集慈善资金 1524.4699 万元。2010 年末，值闵行区慈善基金会成立 15 周年之际，浦江镇慈善工作站在镇党委政府支持下发起“慈善日”大型募捐活动，得到了社会各界的积极响应，全镇共有 204 家单位认捐 1400 多万元，截至 2011 年末已到账 1137.3335 万元。此外，2011 年全年收到各类企事业单位、组织及个人定向捐赠 39 万元。

所募资金主要用于全镇辖区内困难群众的助医、助学、助老、助困等项目。2011 年各类慈善项目共计支出 386.41 万元，其中划拨老年基金会 216.57 万元。支出资金由市会承担 15.79 万元，区会承担 46.93 万元，浦江慈善工作站承担 323.69 万元，各类项目惠及困难群众 5120 人。通过实践，还形成多个亮点项目。如：城市超市爱心蔬菜项目、来沪贫困学生免费午餐项目、关爱癌症俱乐部项目等。

浦江镇慈善工作还刚刚起步，政府对福利事业的主导推动使得民众还没有形成普遍的慈善意识，“有问题找政府”依然是一种强势思维定式（王宁，2008；周薇，2008）。浦江的慈善工作对如何放开脚步，做好政府救济的“拾遗补缺”，从而进一步提高慈善救助的透明度、专业性、公信力，让更多的企业、团体和个人投身慈善事业，具有重要的参考价值。具体如下：

一是坚持以安老、帮残、济困、助医等慈善救助项目为重点，提高慈善救助水平。二是广泛推行项目援助，探索开展慈善实物救助方式，提高社会慈善资源的组织和利用水平，增强慈善救助的针对性和实效性。三是培育慈善文化氛围，加大宣传互帮互助、奉献社会的良好风尚，动员社会各界参与慈善捐款、救助和公益活动，引导企业树立热心慈善公益事业的公共形象（方炎松，2008）。四是吸纳各类优秀人才，逐步形成专业员工与义工相结合的慈善队伍结构，推动慈善事业发展和壮大。最后，努力创新和完善慈善政策法规，也是社会求助事业的有益补充。

三、服务输送的影响因素

（一）低保对象就业刚性选择

现行的低保制度对就业的负影响，是因为最低工资标准与低保标准的比例不合理，导致缺乏了主观能动性（李伊等，2010）。最低工资标准与低保的比例不合理，导致了许多具有劳动能力的低保对象宁愿待在家里享受低保，也不愿意找工作，也不从事政府帮助就业的职位。

个案17：小王，大专毕业生，比较自卑内向。父母离异，母亲文化程度低，没有稳定收入，靠低保度日。他说，“我很想到外面去找一份工作的，但是每次找工作面试的时候我的基本情况是父母离异，家庭情况差的时候，面试官好像都会犹豫一会儿的，我想这个对我的就业也是存在一定影响的吧。”小王找工作处处碰壁，也因此信心减退，就业意愿越来越低。

案例21：刘先生，自身因各种原因长期处于无工作状态。妻子身体不好，要经常吃药。他们家在领取低保救济后，基本上就靠着这个生活。后来在朋友的介绍下，刘先生找到了一份看工厂的工作，但是工资不高。现在他们家生活还是很困难，只是维持了最基本生活。虽然衣食住行方面都很节省，过得很拮据，但依然入不敷出。孩子小刘高中毕业后就参加工作了，没有继续学业，孩子认为读书不一定有出息，就向亲戚借了钱准备自己创业，目前没有稳定收入。有摆脱低保独立的意愿，认为吃低保“很没面子，抬不起头”。

社保中心会不断地展开适当的就业培训以及就业介绍，工作人员用自己的专业和温暖的心来帮助低保对象，可还是有绝大部分的低保对象是宁可享受低保也不愿意外出靠劳动获得收益。高不成低不就的心态是一方面原因，贫穷没有真的打垮他们，是自尊让低保对象作出了不得已的选择。

（二）现行低保制度的连锁效益

从浦江镇的数据可以看出，应保尽保的态度是相当明确的，在教育医疗甚至是在法律等方面都是为低保对象服务，形成了“低保者全占”的情况。目前就是一旦被确定为低保对象，就可以享受到全部的福利和救助，一旦失去资格，不只是损失了每月发放的低保金额，还要损失其他附加各种补贴甚至是住房（李伊、易守宽等，2010）。这利益的缺失会使得这些低保对象甘愿沦为贫民，让自己收入达到低保线以下，或是钻制度的漏洞，在核对低保对象时做手脚。这两种情况皆对制度的稳定和发展构成了重要的威胁。这与制度的初衷背道而驰，政府的目的是主张通过就业自食其力，摆脱贫困带来的困扰。

案例12：受访者小李，35岁，初中文化程度，至今未婚。初中毕业后一直闲在家，自身懒惰，不愿意找工作，整天无所事事，闲散度日。父母对他是失望之极。父亲已退休，退休金每月只有400元，母亲是厕所的看守，收入也只有600元，艰难度日。小李不愿意找工作，认为吃低保“蛮好的”，工作太累，又要被人家呼来喝去，而且从未工作过，不敢尝试，“就这样过一天算一天吧”。

个案31：小王，男，26岁，中专学历，父母下岗后一直没有工作，靠打零工过日子。孩子比较自卑，有改变贫困的意愿但是不会花很大的精力去改变，文化程度不高但对工作要求高，不肯做辛苦的工作：“我也不想一直赖在家里，但是像我说真的出去还能找一些什么工作呢，要不就是保安，要不就是买卖自己的劳动力，现在这样的工作收入真的很低，像所属于街道的夜间社区巡逻队，做一休一，日夜颠倒，拼死拼活地做才1000元工资，而且什么福利也没有，这样日夜颠倒的工作到退休可能还要落下很多疾病，想想真不合算，工资太低了，所以我不想再做了。”

在个案访谈中，有太多的案主抱有这种“一共就这点钱，还不如吃低保”的想法。这就有了一连串的连锁选择。低保对象也存在着低保社区环境的问题。由于城市发展的原因，收入高低也展现在了住房条件的层面上，很多老式住宅区就存在着多户低保家庭的问题，他们的环境都是如此相同，所以认为看不到希望。

（三）低保家庭对象消极心态

低保对象的心态抵触就业，调查中可以发现，一部分低保人员自信心不足，导致了社交面的狭窄，阻碍了可以利用社会资源寻找发展的机会。由于自身条件的限制，使得他们不关心外部社会的发展变化（李伊、易守宽等，2010）。还有一部分至关重要的原因是低保人员对职位的高不成低不就心态导致的，劳动年龄内有劳动能力的低保对象大多文化程度低，拥有的社会资源少，求职意愿低但是不表示他们没有较高的就业期望值。

个案25：陈女士，79岁，文盲，无劳保，无劳动能力，靠捡废品为生，生活较为困难。该人早年丧偶，育有两个儿子。大儿子夫妻双失业，是社区的低保户，其孙子患有精神分裂症，治疗费用很大。小儿子也已失业，现在一中学食堂做临时工，不享受正常工人的待遇，工资也较低。小儿媳妇患有肝、肺、胃等疾病，无法从事体力劳动。两个儿子在自身家庭都比较困难的情况下，每月给予陈女士赡养费50元，这在物价飞速上涨的实际情况下只能算是杯水车薪。

个案35：张女士，31岁。面对我的提问她这样回答道："自从我们开始领取低保后，就和别人的差距慢慢拉开了，有时候小姐妹间虽然不是故意炫耀，但是听到别人说了一些我们家可能没办法获得的东西时就会觉得不自在，我那时候开始就慢慢减少了与她们的聚会次数了。"

城市低保对象自身素质低导致就业受到阻碍。低保对象的文化程度和专业技术能力普遍较低。访谈资料显示，未就业人员中近一半的人文化程度在高中以下，其中，中专、技校占总比例的三分之一，大部分是缺失了专业技能的培训。在调查已获得过证书的人员中发现，大多都是局限于驾驶证，技术证书的类型还是非常有限。这些自身因素的制约会导致低保对象的弱势地位，很难找到适合他们的工作（黄晨熹，2007）。

（四）低保群体的边缘化

在对城市低保家庭的各种救助之余，有一群弱势群体慢慢地得到了很大程度上的关注，那就是徘徊在低保线临界点之上的边缘低保群体。对于边缘低保群体的救助，浦江镇已经开始注意关于边缘低保家庭的群体的存在已经是事实的现状，目前各地的界定标准不一，但都认为边缘低保群体人数要比低保对象多。面对庞大的边缘低保群体，如何解决社会救助的重点和难点，存在很多复杂因素。近几年，政府已关注到了这一人群，正加大力度支持帮困。

学者唐钧指出：贫困存在于三个不同层面，贫困作为一种社会客观存在的生活状况，是与"落后"或"困难"联系在一起的。贫困作为一种社会上普遍公认的社会评价，是低于"最低"或"最起码"的生活水准。贫困作为一种社会环境造成的社会后果，与"缺乏"有关，其实质是缺乏"手段""能力"以及"机会"（唐钧，2006）。

针对无基本社会保障或各项政策覆盖后仍有困难的社区市民日常生活中存在的急、难、愁问题，市基金会将通过资金资助的形式，支持社区开展综合帮扶工作。按照"政府推动、社会参与、社团运作、依托社区、综合帮扶"的工作原则，各区（县）、街（镇）通过社会募集、单位资助和政府扶持相结合的办法，设立“综合帮扶专项资金”。市基金会将对开展社区综合帮扶工作的试点区（街镇）给予适当的资金资助。市基金会根据各试点区的户籍人数、困难市民比例及各区综合帮扶情况确定不同的资助比例。社区综合帮扶工作的具体范围、对象、标准及形式等，由试点区民政局结合辖区实际情况制订工作推进计划及试点实施细则。社区综合帮扶的日常事务可由区民政局委托社团或民非组织承办。

第五节　结语：低保制度更新设计的面向

上文是对低保家庭的需求分析以及对于福利服务输送状况的讨论。针对这些不足之处，以低保家庭的实际需求为依托，提出了相应的改善策略来完善城市居民最低生活保障制度。希望可以从低保家庭主体本身找到脱离贫困的主要信念，然后再合理充分地利用制度资源达到最优效果。减缓贫困传递，最终达到社会救助的真正目的。将制度优化，真正做到应保尽保。

一、制度优化

城市居民最低生活保障制度在稳定社会、促进社会正义和公民权利等方面起到了积极作用。近20年来上海的低保制度实践，一方面回应了我国经济、社会结构的转型，另一方面推进了消除城市贫困的战略实施。然而，这一过程既有突出的贡献又有一定的局限。低保家庭的规范性需求、比较性需求、感觉性需求、表达性需求，分别包括物质的匮乏和身体上的匮乏、自愿和非自愿的失业、社会支持、受教育和就业培训等内容。在制度与市场的双重约束下，需求的发展使得低保家庭对于制度的满足程度发生变化，从最初的满意到不断下降，使低保制度只能缓解贫困而并不能消除贫困，贫困的持续呈现出城市“低保”的约束。结合本次访谈的资料和现有文献，在满足评估的基础上，对现行制度进行重塑，构建从“被动补救”向“主动回应”的制度转型。

（一）以综合救助与分类救助相结合

目前的最低生活保障制度的规定，每月领取505元只是满足低保家庭的基本生活需要，综合其日常生活的各个方面包括教育、医疗等层面的综合救助，从深度和广度上而言，并未解决其所有困难。所以在完善低保制度时，要注意综合救助与分类救助相结合的方式。

针对本次访谈的低保家庭中不同维度需求分析，将家庭成员进行类别划分：医疗救助、就业援助、教育救助……细化社会救助的内容与分类，比如医疗救助不仅包括医疗费用的减免，还要考虑到为疾病照顾人员提供日常护理的情况。对于这类的救助可以参照市场价格转换成个人的最低援助收费标准，既能解决家庭成员在面对就业与照顾两难的问题，又能满足其社会参与的需求。教育救助可以引进和建立公益信托这种“取之于社会，用之于社会”的新型制度（赵俐，2009），这是当前的一条可行之路。

（二）权利义务对等，开发公益性服务岗位

低保制度的初衷是对生活困难的人给予暂时性的最低保障，它的预期是低保对象经过一段时间调整，能够摆脱生活困难的状况，不再接受政府救助。然而，低保制度实践过程中却存在一个越来越明显的迹象：“制造”一个长期的低收入群体（陈广胜、马斌，2007；郑婷、何健，2013）。

为了降低负激励效应，在低保救助中使权利与义务均衡是有必要的。因此应将低保户分为无劳动能力的低保户和有劳动能力的低保户，对前者实施无条件救助，对后者则强调权利与义务相对应，实施有条件救助，将低保救助与工作义务结合起来（马居里、赵淑兰，2006；闫翅鲲，2010）。

此外，在社区可以开发公益性岗位实行以工代赈，促使公益性劳动向公益性就业岗位转化。对公益性劳动任务进行归类开发，形成公益性就业岗位，提供给低保群体。参加这类就业的低保群体，适当减少其原有的补贴，以劳动力获取岗位津贴或工资。从而从形式上有效化解有关低保对象参加公益劳动的争论，杜绝在公益劳动政策实际落实中可能出现的偏激强制行为。

（三）加强社会监督，建立低保信息网络

建立低保信息网络，利用银行、税务、劳动与社会保障、工商行政管理等部门的信息系统，依法强制性获取低保申请者的实际状况，准确界定低保家庭收入，避免“隐形就业”和“箩筐效应”，公开低保工作举报电话，接受各界群众举报（雷锋超、王啸风，2012）。

加强社会监督，对以各种手段欺骗社会、违规操作、造成低保金损失的居民、低保管理人员及相关单位的有关人员，作出详细而明确的处罚规定，杜绝此类行为的发生（芮桂杰，2011）。

充分利用网络信息资源，普及低保的相关福利政策，使低保家庭能够及时了解，维护自己的权益。

（四）大力宣传和推行低保渐退制度

上海市自 2002 年起实施低保家庭成员就业后“救助渐退”制度，即对低保家庭成员就业后退出低保的家庭，在办理退出低保停止救济的手续后，按“救助渐退”办法的计算标准，重新核算后将应予扣除的低保金累计总额，一次性发给。从 2003 年 4 月起，“救助渐退”照顾时间从原 1—3 个月调整到 2—6 个月。在享受低保金渐退办法给予照顾期间，仍可享受低保家庭的有关政策，但不纳入低保统计范围，但是收效不佳。大力宣传这一制度，配合就业政策，可以降低有劳动能力的低保群体对福利的依赖，鼓励积极就业，从而遏制贫困的持续。

二、家庭契合

低保家庭的结构状况主要分为年龄结构、性别结构、婚姻结构、健康结构、子女老人数量结构、就业结构、居住结构和残障结构。从本次调查中了解到，年龄结构、婚姻结构、就业结构、健康结构是本次调查中所占比例最为突出的家庭结构。如低保家庭有子女的家庭结构表现出的特征是子女普遍学历低，原因是家庭负担不起。子女教育程度低导致就业的限制，只能从事低收入的工作，无法从根本上改变家庭的贫困现状。其他方面的因素，如疾病、医疗、住房和就业等方面导致了贫困的持续。通过细化低保家庭结构，完善医疗、教育等专项救助，为不同家庭结构的低保家庭提供基本、可叠加、可组合的救助（曹扶生，2009），使其保证城市低保家庭的最基本生活，抑制贫困的持续。

三、主体建构

在近10年的城市低保政策研究中，绝大多数论述报告都是以政府为潜在对话主体的。长期以来，贫困研究中隐含着仅仅是政府为发展主题的一整套权力关系（沈红，2000）。应从贫困主体的低保家庭进行心理辅导、适度增权以及领袖培养，组建属于贫困群体的自助队伍，使他们在生活中能够获得更多社会支持，减少社会排斥。

首先，解决低保对象的心理困惑。低保家庭不仅收入匮乏，没有足够的收入使之维持基本的生活，而且交往能力匮乏，个人自信心不足，心理压抑（刘春怡，2010）。可结合目前的社区资源，由专业的社会工作者运用个案、小组等专业方法，聆听低保对象的心理并进行辅导，帮助他们适应社会环境，使其增强自尊自强的意识，提升个人能力发展。

其次，促进低保对象的增权。低保对象的无权状态使得他们中的绝大多数人不具备主动增权的能力，很难依靠自身的力量实现主动增权。如果没有外部力量的推动和帮助，仅仅依靠我国社会弱势群体的自我增权，极其容易陷入增权困境（刘庆，2011；曾秀芬，2006）。通过外部环境的支持挖掘或激发低保对象的潜能，积极引导，充分调动低保群体的能动性，使其逐渐意识到可以通过自己的积极努力来掌握自己的生活，使增权变得可持续。

再次，激发低保对象的社会参与的主动性。通过增权发现具有领袖精神的低保对象，建立社区低保群体自组织网络收集民意，进而参与到公共决策中，变相地增加低保群体的社会权利，激发其社会参与的主动性（刘春怡，2010）。

最后，通过地域空间内建立的自组织网络长久而熟悉的交往，有利于形成同伴关系，减少矛盾冲突的发生，降低社会排斥，促进社区融入。

基于此，我们需要继续完善社会救助体系。本章认为，在城市低保制度的基础上，延续原有的以生活需要为核心的社会救助框架是低保家庭脱贫的基础。我们应当基于规范性、比较性、感觉性和表达性等需要的公共性与发展性维度，在扩展生活需要之外的其他公共性和发展性需要形式的同时，还需要扩展公共性和发展性需要的可及性。并且，在公民权利和福利服务之间，应该倡导积极的公民理念。为此，我们可以构建以公共性和发展性为中心的大低保体系。

四、能力建设

低保对象的自我概念偏低导致就业信心不足，没有就业动力，同时也抱有不切实际的就业期望的情况。政府要大力开发公益性岗位，开展免费的就业培训，促进低保对象就业信心的建立，使更多的困难群众凭借自我劳动获得收入，调整就业期望，能从优势视角出发使低保对象明白每个人都有发展的潜能。通过对低保对象的能力培养，树立良好的自信心。能有更多有劳动能力的低保对象乐于用自己的劳动付出退出低保，并实现就业后家庭收入的明显增加。

五、创造机会

失业和就业的不稳定是造成低保家庭依赖低保的主要因素。从目前上海城市低保家庭的结构特征来看，应通过引导家庭成员就业、提供就业机会帮助低保群体通过正规就业摆脱贫困。要通过政府购买服务的方式把一些公益性岗位开发出来，推行灵活的就业方式激励低保群体就业，帮助低保家庭提升收入、改善生活状况尽早摆脱贫困，构建和谐社会。

另一方面，加强低保家庭社会整合，首先，应该帮助他们构建和扩大社会支持网，从外部注入社会资源。低保家庭更依赖社区的网络资源，可以以社区居委会为主要力量，通过加强邻里互动和沟通，帮助贫困群体构建邻里支持网（曹扶生，2009）。通过扩大低保家庭的交际网络，增进人与人之间的互动，加强社区邻里的支持与援助对消除“福利效应”有一定的益处。同时，扩大社区志愿者服务队伍，帮助低保家庭脱贫。其次，还应当充分发挥非政府组织的作用，减弱“社会排斥”以促进社会融合。最后，要激发和构建低保群体在经济开发过程中的主体性，为低保群体“增能”（曹扶生，2009）。

第三章

城市低保家庭的生态系统、求助行为及脱贫困境

随着中国的最低生活保障制度不断地推进，低保家庭的生态系统也发生了历史性的改变。本章通过对上海50户低保户的深度访谈，采用定性研究的方式，讨论生态系统下的低保家庭的求助行为并评估其有效性，分析现有的脱贫方案的局限性以及脱贫困境。本章认为低保家庭生态系统对他们本身起着重大的作用，不同的环境衍生出不同规模的社会支持网络，从而导致求助行为的不同。而当这些各式各样的求助行为与我国单一的社会保障制度无法匹配时，就会陷入贫困的僵局。我们通过低保家庭的自身发展，寻找有效的求助行为及模式的同时不断完善现有的脱贫方案，从而在真正意义上实现贫困的脱离和贫困的遏制。

第一节　背景、回顾与框架

一、研究问题与路径

中国近年来经济高速发展，但是贫富差距逐渐拉大，城市出现了新贫穷社群，它给当今社会带来一系列的社会问题，成为我们不得不面对的一个挑战（张杉杉，李敬雅，2011）。为了解决城市新贫穷社群的生活问题，提高其社会资源以及增加社会融入性，我国建立了一系列济困扶贫的政策，如社会保险、社会福利制度、再就业服务与培训、医疗保险改革等。1999 年在全国范围内建立城市居民最低生活保证制度，保障城市困难居民的基本生活，初步建起城市弱势群体社会支持系统（周华，2003）。

20世纪70年代，社会支持系统与个体身心健康的关系均得到了充分的肯定，社会支持作为专业术语受到心理学、社会学等领域的关注。概括而言，学者对社会支持的理解主要体现在两个方面：一是客观可见的支持，如物质支持。这种支持不以个体感受为衡量标准，是客观存在的现实；二是主观体验的支持，即个体在社会生活中受到尊重、体谅的情感支持及其满意度，这类支持与个体的主观感受密切相关（张晓霞，2010）。大量的研究表明：受助者的主观感受与支持所发生的实质效果往往并不重合，社会支持对受助者的作用或效果更明显地取决于被支持者对社会支持的主观感受，如果不了解受助者所认同的文化和行为模式、指导其行为的认知结构，就无法理解受助者的行为，进而难以有效地向其提供帮助（唐钧，1999）。

当前，国内社会学界对城市弱势群体的社会支持系统大多集中于理论层面的探讨，实际社会支持运作过程中经验层面的研究不多，从受助者的主观感受进行调查分析的研究报告更是少之又少（毛明华，2005）。本章将通过对城市低保人员的调查，从受助者的角度论述城市低保人员的社会支持状况，为针对低保人员而开展的相关工作提供数据支持（张杉杉、李敬雅，2011）。

最低生活保障制度从1993年开始在上海施行，这是我国最早的居民生活保障制度，此后，社会最低保障制度逐渐在全国进行推广。最低生活保障制度对保证困难群众的基本生活，化解社会矛盾，维护社会稳定，保证改革的顺利进行，起到了良好的作用。但是在实践过程中，也发现了一些问题（冯悦，2008）。我们过度地关注制度本身，从而忽略了享有制度的“人”。人在情景中，所处的环境将很大程度上决定了其本身的发展。同理，低保家庭所处的环境对他们自身的发展起重要的影响。

我们通过对低保家庭的深入访谈，了解他们自身关于贫困与低保想法和他们目前的生活境况，透视他们如何利用身边的社会资源来让自己脱离贫困。低保家庭在享有低保政策的同时也被打上标签，他们的自卑行为让他们一定程度上无法与社会融合，但是低保家庭本身的局限又让他们不得不寻求外界的帮助。他们所处的环境具体来说需要多方面的帮助，如情感方面的帮助，物质上面的帮助，还有精神层面的支持。当这些系统相互影响、互为促进，低保家庭就更有可能自主地脱离贫困。

但是，这种脱贫方式依然存在困境，我们也会研究生态系统下的低保家庭的局限性，从而探索破解困境之道。深入了解生态系统下的城市低保家庭的求助行为，探讨让低保家庭自主地运用自己所处的环境来解决自身的贫穷问题。而且这些系统也是社会的一大资源，通过亲朋好友的帮助或者通过社区和组织机构来帮助低保家庭走出贫困。我们的切入点将是这些各个系统所带给低保家庭的影响，进而评估其求助行为的有效性从而完善最低生活保障制度，探寻破解困境之道。

二、研究回顾与概念

（一）核心概念

1. 城市低保家庭

城市居民最低生活保障对象主要包括以下三类人员：一是无生活来源、无劳动能力、无法定赡养人或抚养人的居民，通常所说的“三无”人员。二是领取失业救济金期间或失业保险期满仍未重新就业，家庭人均收入低于当地最低生活保障标准的居民。三是在职人员在领取工资或最低工资、基本生活费后以及退休人员领取退休金后，其家庭人均收入仍低于当地最低生活保障标准的居民（民政部，1999）。

2. 生态系统

社会工作者平克斯（Pincus）与米纳汉（Minahan）在概括社会工作实务过程的要素中，提出了“四个基本系统”的理论，指出社会工作过程是社会工作者运用各种知识与资源，与各要素系统共同努力，通过一系列具体的工作达到工作目标的改变过程。“四个基本系统”为社会工作者提供了一个实务工作的参考架构，这四个系统是：微系统、中系统、外系统、宏系统（谢秀芬，1997）。

查尔斯·扎斯特罗在他的新版《理解人类行为与社会环境》中首先阐述了社会生态系统的层次性。他指出人的社会生态系统区分为三种基本类型：微观系统（Micro system）、中观系统（Mezzo system）、宏观系统（Macro system）。查尔斯·扎斯特罗提出的社会生态系统理论影响模式清楚地说明了社会工作者系统（the social worker system）与案主系统、宏观系统的关系，显示了案主和社会工作者系统的相互交流与影响（师海玲、范燕宁，2005）。

2004年，卡伦·柯斯特与阿什曼合作出版的《理解人类行为与社会环境》（第六版）一书，大大丰富发展了当代社会生态系统理论。他给我们的最大启迪是：作为一名专业的社会工作者，必须了解各个层面的社会工作对象（案主）所处的多样性的社会系统，并学会动员协同案主社会生态系统中的多样性资源，为促进案主（包括个人、家庭、社会弱势群体以及全体社会公民）的利益服务（师海玲、范燕宁，2005）。同时，也描绘出作为社会工作者，应该怎样运用自己的专业知识和技能与案主协同工作，改变包括机构和社区在内的宏观系统的状况，满足案主的需求。他所描绘的社会生态系统对于社会工作者的影响模式，强调了通过案主系统和社会工作者系统的协同努力，案主确实能依靠自己的力量推动和实现宏观系统的改变，获得权利的增强和服务的改善，并最终实现“助人自助、助人发展”的目的（师海玲、范燕宁，2005）。

（二）研究回顾

1. 关于求助行为与脱贫方案研究概述

在以往的研究中，学者们针对低保家庭的求助行为提出了自己不同的看法。我们可以把它归为以下三类：

（1）福利制度救助

低保家庭主要需求不外乎住房、医疗和教育，所以国家政府应出台相应的政策来保障他们的基本需求。促进再就业完善城市各种社会保障制度对贫困家庭实行医疗救助，对贫困家庭实行教育救助，对贫困家庭实施廉租屋制度（王莉丽，2008：86）。健康问题是这些贫困家庭面临的最棘手的问题之一，贫困家庭的患病率较高，并且其中有很多就是“因病致贫”，而他们中的一部分人在承担了大额医疗费用后常常不能及时报销甚至不能报销（韩芳、陈洪磊，2009）。

（2）心理救助

由于城市低保群体在知识技能、生存条件、经济地位、社会地位、人格尊严、心理感受等诸多方面与其他民众存在这样那样的差距，在对自我价值进行评判时，低保对象表现出比较明显的“四无”特征：自我无价值、外界无援助、生活无乐趣、未来无信心（刘春怡，2010）。故对城市低保群体的救助不应仅停留在物质“给予”上，对贫困者而言，物质上的补给固然重要，但这并不意味着可以忽视精神上的关怀。这不能不说是这项工作的政策性缺失。应该看到，国家建立城市低保制度的目的，是要通过对人的“第一需要”的帮助，使低保群体立志、立业，回到经济建设的主战场，进而更好地实现社会公平，建设和谐的社会。基于此，社会应关注并解决城市低保群体的心理问题（刘春怡，2010）。

黄云龙也提出心理救助的重要性。必要的社会救助固然十分重要，但最终摆脱贫困处境还要靠困难群体自身的努力。唯自助者天助之，通过心理重建促使救助对象自助。社会救助作为社会政策和社会工作的重要内容，其核心观念就是助人自助，故从事社会救助的有关部门干部职工及社会工作者应运用各种技巧激发救助对象的自助潜能。这种救助是一种制度性的保障而不是节假日的偶尔为之（黄云龙，2004）。

（3）权利救助

权利救助注重低保家庭的个人权利。鼓励人们采取积极态度改变自己的生活方式，克服“只强调权利而轻视义务，只注重保护和照顾，而没有给个人留下足够的空间”。因此在关注人的经济利益的同时应尽量投资人力资本以培养人的自我发展能力。阿马蒂亚·森认为，贫困意味着权利的剥夺，但是，在各种权利的剥夺中，最根本的是能力的剥夺和社会排斥。因此，解脱贫困的主要途径是促进能力发展，而教育、健康服务、提供发展机会则是必须采取的有效措施（刘旭东，2010）。

2. 关于脱贫困境的研究概述

目前我国低保家庭的脱贫困境主要集中在社会上的各个层次的排斥：低保家庭因贫困享受不到均等的社会资源，牺牲或者被剥夺自身应该享有的其他社会资源和社会权利，只能被排斥在主流社会之外（徐祥运、李晨光，2011）。长期的失业或者没有工作使之无法适应社会。由于社会资本的匮乏，下岗职工或是进入待遇较低的缺乏技术含量的服务业，或是无法靠自身能力进入稳定有保障的劳动力市场而靠临时工作维生（苗春霞，2007）。作为贫困的边缘群体受到社会上的诸多歧视，无法融入社会关系中。“贫困使低保对象不仅物质匮乏，而且不同程度地损害了他们的自尊、尊严和自我认同，堵塞了他们参与决策、进入各种机构的途径，进而受到社会排斥。”最终导致与外界的社会网络联系狭隘且联系脆弱（刘春怡，2010）。

这些文献的研究仍然存在不少欠缺：第一，并不全面，贫困的原因多种多样，不一样的生态系统会衍生出不同的求助行为。第二，缺乏对个案进行深入研究和总结。本章将直接从对低保家庭进行深入的访谈入手，这将有助于准确地把握他们的生态系统，也有助于进一步探讨他们的求助行为与现行的脱贫方案的契合程度。并且从以往的研究我们得出，低保家庭的求助行为有很大的局限性，受内部的与外部的因素限制。内部指的是低保家庭的自我认知与对问题认知程度，外部指的是低保家庭的社会支持网。这些局限性使得低保家庭陷入无法脱贫的僵局。这里我们将充分研究低保家庭的生态系统，调动自身的社会资源，开辟新的求助行为，从而摆脱贫困的困境。

三、研究方法与框架

（一）研究方法

本研究综合运用了访谈法、文献研究、质性研究及部分口述史方法等进行相关资料收集和研究。以50户享有最低生活保障制度的家庭为研究对象。介入初期，在社工站老师的悉心指导及社区居委会和朋友的帮助下，协助联系受访者，取得受访者的同意，并安排合适的受访地点和时间。采用个案访谈形式顺利进入情境进行访谈工作，收集各种有关资料和内容及进行深入研究。

该研究主要针对目前我国城市低保家庭的生态系统进行宏观的分析，采用定性研究的方法。对50户典型的低保家庭进行总结和归纳，从而分析出其中的规律和差异，发现其致贫的特性和共性以及所处环境的差异对他们造成的影响。重点在于深入实地开展个案访谈的基础上探讨个体的求助行为，以及评估低保家庭的求助行为的有效性，然后结合现在的社会政策对其的发展与影响，反思两者无法匹配的原因及困境，尝试探索一种新的反贫困社会政策模式，为解决城市贫困问题提供有效建议和方法。

本章采用定性分析研究法，是基于根据事物所具有的属性和在运动中的矛盾变化，从事物的内在规定性来研究其本质的想法。这种想法，基于事物的表面及其内在是变化和矛盾的特征。因此，低保家庭其本质非常复杂并且矛盾，我们以致贫的重大事件为逻辑起点，分析其后的个体发展，能更客观地了解低保家庭贫困的生活环境状态的变化，发现深层次的想法，有助于我们更真实地了解低保家庭真实的生活状态和想法。

本章从50户个案的生活史与生命历程重大事件出发，通过访谈法收集低保家庭的各种资料，避开一切偏见与歧视，完全以低保家庭的访谈提纲为出发点，正确认识和把握家庭与生态系统的关系，揭示他们的求助行为与脱贫方案实施的有效性，力求更接近于现象的真实形态。同时，进行文献的查证与研究，佐证与评估分析出的数据。

（二）研究框架

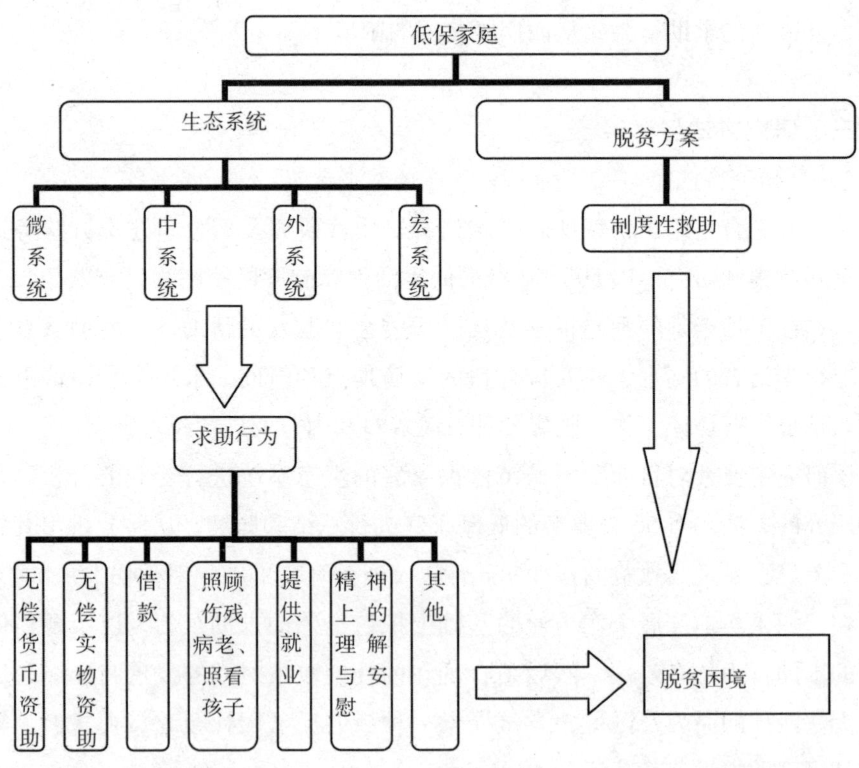

图3-1　城市低保家庭的生态系统及其求助行为

第二节　城市低保家庭的生态系统描述

一、低保家庭生态系统的内容

（一）微系统：亲朋好友与邻居

微系统就是身边的亲朋好友和邻居。这是低保家庭的直接环境。当低保家庭面临贫穷困境时，最直接的帮助就是来自于亲朋好友的资助。这是最与我们息息相关的系统，家人的支持对你是否有自主的意愿脱离贫困起着重大的作用与意义，它更能带来一种情感上的认同，让他们能有面对贫困的勇气。但是，如果家人朋友并没有给予支持反而疏远，这会对低保家庭造成更大的精神压力，从而一蹶不振、消极面世。

案例1　小刘，女，52岁，失业在家，和老母一同居住。说是邻居给她的帮助很大，非常感激他们，平时如果有什么事情大家都会伸出援手帮一把。她说："有一次我不在家，母亲突然晕倒了，还是邻居发现帮忙送到医院的。谁家多烧了点什么也会拿来给我们尝尝，没事儿也会送我们点水果。街道和居委会对我们家里还是非常地关心，逢年过节常常会到我们家里来看看，有时会送一些吃的，有时会给一些钱，钱虽不多但是我们很感动的。"

案例2　王某，男，45岁。他说："家里有两个瘫痪老人要照顾，小孩又念初中了，妻子下岗在家，先前我的薪水也很低，做的基本都是体力活，哪里有活就去哪里干，根本没法儿活啊。后来我的弟弟帮我找了一份固定的工作，情况稍微好转了点。好在我有一个弟弟，如果没有我弟弟，我都不能活下去。如果不是弟弟帮我出老人的医药费，如果不是弟弟供小孩读书，如果不是我的弟弟帮我找一份工作，我真的想先走一步！"

（二）中系统：社区

中系统就是直接环境的相互联系机构，这里主要指的是社区。社区给予的帮助是各个方面的，它能提供再就业的机会，有针对性地解决低保家庭的苦恼，能对低保家庭的潜在贫困因素进行分析。低保家庭处于社区中，会享受到社区的福利，这大大地增加了脱贫的成功率，减少贫困的再生产。

案例3 “我本身没什么本事，自从被单位劝退之后，就一直闲置在家，然后街道就给我介绍了一份工作，做保安挺轻松的，工资虽然少了点，但我也知道我自己这个水平也只配这个工作。”

（三）外系统：社会组织

外系统是指间接影响的外部环境条件。这里可以指社会上存在的志愿者组织以及机构。他们的经济资助和社会资源会给低保家庭很大的社会支持。处于这个环境中，低保家庭能享受到自己的社会融合而不再被排斥，从而有了乐观积极向上的情感，更能自主地脱贫。

（四）宏系统：社会制度

宏系统是指背后的文化背景，就如不停在改善的最低保障制度或者一些其他的社会制度一样来保障低保家庭的权利。

案例4 男，45岁。“再次就业？当然考虑过，我也曾经尝试过再就业，但是，我本身已经40多岁的人了，那个所谓培训课我上起来真的很累，很难接受其中的内容，而且培训后我所能找到的工作仍旧是保安快递之类的，这样的工作我真不知道我之前参加的培训有什么作用，所以我干脆再次辞职不工作，就专心在家领低保金，日子也过得下去。”

这些环境的作用如果是积极的话，他们所产生的求助行为会很大程度上帮助低保家庭脱贫。但如果有负面影响，很有可能使得低保家庭有着强烈的社会排斥情绪，这反而激化了矛盾。

二、低保家庭生态系统的状况与特征

（一）同质性

低保家庭社会网络资源，尤其是兄弟姐妹、父母、好友、同事等关系紧密、交往频繁的网络资源同质性较高。这些网络资源的家庭经济状况、职业身份、社会地位等与低保家庭具有很高程度的趋同性（李健、高灵芝，2009）。他们的社会资本且大多是和自己经济地位相当的人，共享仅有的社会资源。这样一来他们就会被排斥在社会主流的经济生活之外。

案例5 杨先生，45岁。“先前被迫下岗在家，现在只能出去找零工。妻子在做保洁类工作，孩子在读高中，学杂费也挺高。家庭生活拮据，父母会来帮忙照顾小孩，父母的退休金基本上也全用在我们家的日常开销上。兄弟姐妹自家的状况也没有那么好，但也会帮着照顾点我们，前个月，老姐就给我介绍了一份工作，干着还不错。”

案例6 女，32岁。“自从我们开始领取低保后，就和别人的差距慢慢拉开了，有时候小姐妹间虽然不是故意炫耀，但是听到别人说了一些我们家可能没办法获得的东西时候会觉得不自在，我那时候开始就慢慢减少了与她们的聚会次数了。”

（二）规模小

因为所社交的人基本都与自己的经济水平相当，所以就造成了社会网络规模小的情况。低保家庭的生态系统在社会支持的功能方面以无偿经济援助和精神支持为主，父母和兄弟姐妹是低保家庭获得各类社会资源的主要依赖对象。低保家庭获得的借款数额较小，比例比较低，与低保家庭关系紧密的网络成员大多不太富裕、提供借款的能力有限有关；另外考虑到自身的偿还能力，低保家庭一般比较少向网络成员提出借款要求，网络成员大多采取无偿小额资助和实物援助给予低保家庭经济上的帮助（李健、高灵芝，2009）。父母在劳务支持上的作用主要表现为帮助子女照看小孩，而这正是人们对于父母的基本角色期待。与兄弟姐妹相比，父母在提供借款和就业支持方面的作用较弱，则主要由其支持能力决定的，因为一般来说，贫困者的兄弟姐妹的经济能力比其父母的经济能力高，对于劳动力市场和就业信息的了解也要比父母多（洪小良，2006）。

（三）水平低

网络资源的高同质性限制了网络的就业支持功能。在这样的网络构成之中，获得的就业信息的重复率高，低保户无法得到更有效的就业帮助（李健、高灵芝，2009）。非亲属在就业方面有较大的作用，并且在就业支持方面，发挥作用较大的依次是居委会和街道的工作人员、同学和同事。低保家庭生态系统支持水平普遍偏低，这与他们自身不愿与人多相处有关，觉得丢脸。所以获得的资源是很有局限性的。

案例7 女，32岁。“我们虽然穷，但是也要面子的，总不能到处去说我们家穷，那要被人家看不起的，所以，我们也不怎么出去，碰到朋友、以前同事，总觉得尴尬，生怕他们问起我们的状况。哎，活着真累……”

三、低保家庭生态系统的谱系图

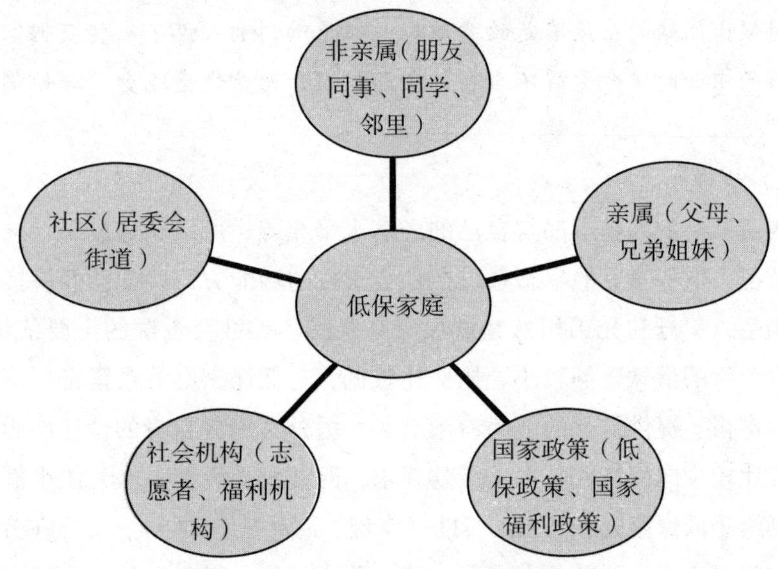

图3-2 城市低保家庭的生态系统

以上生态系统图展示了服务对象的社会环境，清晰地呈现出个人、家庭及社会系统之间的相互作用和影响，有效地将服务对象与外在环境系统的关系通过图形的形式呈现出来，说明了系统之间能量的流动和各系统间的关系本质，及其与服务对象需要和满足需要的资源系统、服务对象问题之间的关系（师海玲、范燕宁，2005）。从生态图中，我们可以得出一幅整体图像，从中可以看出：哪些是个人、家庭、群体和社区可运用的资源；哪些资源支持不足或不存在；从而认识个人、家庭、群体和社区与环境之间关系的本质（祝平燕，2011；周月清，2001）。我们清晰地看出，低保家庭的生态系统依次包括亲属、非亲属、社区、社会机构以及宏观的国家政策五个子系统。

（一）匮乏型与充足型

从生态图中可以看到一个健全的低保家庭生态系统应该会有五类的社会支持。匮乏型的低保家庭是这五个系统都缺失的，这种情况不常见，因为一个正常的家庭都会有亲属这个最直接的微系统，这部分缺失说明低保是一个人，没有父母和兄弟姐妹等的照顾。在我们访谈的50户家庭中，只有一户符合这种情况。但是她所住的街道还是会稍微照顾一下的，属于匮乏但不能说没有。

案例8　女，80岁，孤寡老人，无子女和兄弟姐妹照顾。老人说话慢吞吞的，但思维还是很清楚的："我一个人也用不了多少钱，政府给的够了，就是一个人寂寞惯了，也没个说话的人，我也怕我死后连个送葬的都没有。"

充足型是指各个系统都满足，这个情况也不多见，毕竟各个系统都不缺失的话说明社会资源充足，社会支持规模大，很难不脱贫。

（二）残缺性与完整型

残缺型是比较普遍的状况，是指生态系统中有些有，有些没有。这是家庭正常的选择情况下的产物，一般亲属系统较为发达，在非亲属那一块就有可能比较弱，甚至有些家庭有了微系统的支持就无须社区街道的帮助。所以残缺型是低保家庭最正常也最合理的现象。

案例9　男，44岁。"父母的退休金会资助我们，平时亲戚朋友也都会送点东西给孩子，年前，朋友给介绍了一个工作，现在收入有保障了，街道来敲过几次门，说有什么事儿可以找他们帮忙，但是我现在还行，低保加工资，够用了。"

完整型的低保家庭应该是所有生态系统中最完美的了，各个系统互相支持，不会喧宾夺主，互相影响，在不同的方面发挥着自己的作用，整个生态系统和谐发展。亲属给予照顾精神上的慰藉，街道和社区给予工作上的资助，政府的福利政策作为辅助帮助低保家庭脱离贫困。当然，这种和谐的生态系统也并不多见。

第三节　城市低保家庭生态系统的社会支持与求助行为

一、社会支持的差异状况

（一）亲属比例决定社会支持的资源水平

亲属在任何时候都是低保家庭求助时第一选择的对象，这已经成为社会互助网络的重要支柱。但是经过调查显示，往往亲属在社会支持中占的比例越低，社会网络资源的水平越高。因为低保家庭的贫困具有代际和传递性，一般家庭如陷入贫困，亲属的经济条件并不会超出太多，所以亲属除了给予照顾或小额的无偿提供，并不能真正地帮助低保家庭脱离贫困。所以，亲属比例低，其他的社会关系加强，才有可能提供社会关系网络。

案例 10　女，45 岁。“哎，家里人给的帮助是有，但他们也穷呀，再怎么救济也就只能给那么一点，简直就是杯水车薪呀，对我们来说根本不够的。我们家主要没有工作，都在家怎么会有钱，还好，上次街道里给老公介绍了一个工作，虽然是体力活，好歹也有点收入来源，就不知道还能干多久，我们也都老了。”

（二）见面频率决定获得社会支持的可能性

与社会资源的见面频率和所有的支持项目都有联系，即见面频率越高，提供支持的可能性越大（洪小良，2003）。也就是说，低保家庭建立的社会网络规模再大，如果没有频度，能够获得的支持还是很小的。一定的频率衍生出支持的强关系，经常见面者与其他成员相比，倾向于提供更多项目的社会支持。

案例 11　男，37 岁。“我的社交圈就这么点，除了亲戚也就那么点朋友，亲戚见面次数都很少，好像每次见他们都像要钱一样的，我们又不是乞丐啊，好在朋友都很够意思，平时有什么困难都帮着点，上次家里急需母亲治疗的医药费，还是向我朋友借的。”

（三）社会地位决定社会支持网络规模

低保家庭的社会关系网络的规模受到贫困家庭主要成员的社会地位的影响。社会地位越高，网络规模越大，获得的支持也就越多。社会地位决定了社会资源的获得。低保家庭不能真正脱贫很大部分原因因为获得的资源太少，信息匮乏，没有完整的社会支持网络。低保家庭的社会支持系统明显单一，很少有被调查者拥有一个可以和家庭支持系统一起发挥作用的社会支持系统（张杉杉、李敬雅，2011）。

案例 12　男，35 岁。“别提了，我的弟弟弟媳好像就不想认识我们一样，怕说出去坍他们台，他们是做生意的，认识的人物都属于比较有钱，哎，以前我们关系还是不错的，自从我们家经济状况不好了以后，基本上也就不来往了。”

案例 13　女，42 岁。“好在我的妹妹还是很有出息的，有了一份好工作，所以家里的父母都是她来照顾的，我们家孩子的学费也是她帮忙交的，我们真的很感谢她，没有她，我们根本活不下去。哎，都怪我自己不争气，妹妹想给介绍工作，都因为学历太低，没法儿介绍。”

二、城市低保家庭的求助行为

（一）求助于亲属

通过调查发现，被访低保家庭中三分之二的人主要依靠亲戚朋友帮忙。亲缘关系在关键时刻起到重要作用，会无私地给予困难户以物质和精神方面的很多帮助，也在无偿地为贫困家庭提供工作信息和赚钱的机会（李晨光，2010）。家庭系统是在所有系统当中最重要的。家庭结构呈现了稳定的家庭关系。基本家庭结构有核心家庭、直系家庭、单亲家庭和扩大式家庭。经济互助主要包括家庭收入来源和家庭开支安排的变量（韩丽，2014）。在中国社会福利改革中，个人努力和家庭成员照顾仍然是家庭遇到困难时解决问题的重要方法。贺寨平、李汉宗（2009）的研究，也检证了此一观点。他们的研究发现，社会支持网成员全部都是亲属的调查对象占 51.6%，而且平均每个调查对象的社会支持网中亲属关系占所有关系的 71.2%。首先，子女关系在 14 种子关系类型中最为重要，至少提及1名子女的调查对象占42.8%，平均每个调查对象的社会支持网中子女占所有关系的23.6%，占亲属关系的32.1%；其次是兄弟姐妹，至少提及1名兄弟姐妹的调查对象占34.3%，平均每个调查对象的社会支持网中兄弟姐妹占所有关系的17.0%，占亲属关系的23.8%；再次是配偶，三个取值依次为33.9%、15.1%、21.8%；接下来是父母，三个取值依次为20.6%、9.7%、13.1%；最后是家族人员、其他亲属（贺寨平、李汉宗，2009）。最有可能提供无偿货币资助的依次是父母、子女、其他亲戚、兄弟姐妹。在照顾残疾、生活不能自理者上面子女是最可能的承接人。照顾小孩，父母和兄弟姐妹是最有可能的承接人。但亲属在就业支持上没有显著成效（洪小良，2003）。访谈资料显示，不少家庭在他们面临被就业制度排斥的困境期间，会求助于亲属给予经济上的支持（韩丽，2014）。经济支持分为两类：第一类是垂直支持型，如父母支持儿女。家庭中的老人有退休金，老人会拿出部分的退休金给处于贫困的子女家庭，在有些特别严重的家庭，父母的退休金是整个家庭的主要收入来源。而且亲属支持的内容比较多。有支持生活费的，有帮助买电器的，还有帮助交学费的。第二类是混合型支持，是指父母支持加兄弟姐妹提供经济支持的（韩丽，2014）。

（二）求助于非亲属

非亲属可以分为朋友、邻居、同事、同学、街道和社区。邻里关系是中国城市人际关系中的一种重要的关系。邻里守助相望、互相帮助是中国文化的一个组成部分（韩丽，2014；李晨光，2010；贺寨平、李汉宗，2009）。邻里之间相互救济与帮助在各个小区中还是较为常见的，不一定是经济上的支持，有事互相能够照应，远亲不如近邻。这种模式上的互助互利一定程度地帮助低保家庭脱贫。

案例14　女，52岁。受访者和母亲一同居住，因为家庭贫困，邻居给的帮助很大，平时如果有什么事情大家都会伸出援手帮一把，对此她非常感激。

而中华人民共和国民政部进行的“低保”家庭调查资料显示，“低保”家庭中对于老人、孩子、病人的照顾问题突出，这时也需要通过社区支持服务来对这类特殊的家庭成员进行照顾，从而使有劳动能力的社会成员返回劳动力市场，提高参与劳动力市场的程度。

（三）求助于基层政府

当某人属于某一工作单位，特别是全民所有制（或国有）单位时，他会享受到由政府统一规定的职业福利，包括单位提供的特殊帮助（王思斌，2001）；若没有上述身份，个体只能在社会救助领域接受来自政府的帮助。而此次调查中，被调查人员对从民政、社会保障等社会部门得到的客观支持认可度很低。后期的访谈结果表明：政府机关工作程序的复杂和烦琐让低保人员不能及时获益，低保政策中“人本”色彩淡薄是造成被调查者作出消极评价的重要原因。这显示出一个重要的问题：中国现行的城市低保政策和低保人员的自我救助未能实现有效结合，贫困者的政府支持系统（外部支持）与个体社会支持系统（自我救助）相分离，政府的作用并没有得到受助者的普遍认可，这必将导致社会救助信息传递不畅，模糊受助者的求助意识，使受助者缺乏对社会救助制度及政策的了解，不利于受助者主动参与社会救助，阻碍了有限扶贫资源运作效率的提高，不能及时帮助贫困者改善不利地位（赵静，2005；张杉杉、李敬雅，2011）。因此，低保人员最后的求助选择，才应该是中系统和宏系统，也就是社会和政府渠道（张杉杉、李敬雅，2011）。

案例15　女，38岁，患有癌症卧病在床，之前在单位打工，单位知道她的难处主动想出一帮一政策，让公司的上层领导支援贫困员工。

案例16　54岁的男性受访者原来在某国有企业当技术工，是家里的主要经济来源。上世纪90年代中后期，因国有企业改革，导致他不得已下岗失业。家里有一个残障小孩，妻子因为要照顾家庭，便无法寻找工作，分担家庭开支，随之家庭的负担越来越重。他刚下岗赋闲在家时，心理压力很大，很沮丧无助，也很焦躁，生活一下子没有了着落。虽然政府有发放下岗津贴和失业救济，但这远远不够日常开销，并且有时候并不能足额发放。后来他也积极出去找工作，但再就业中困难重重。申领低保后，勉强度日。他又参加了居委会举办的就业培训，但是要交费，他没钱就只能放弃。最后经人介绍，他找到了一份在学校里帮人家看自行车的工作，随之要取消低保资格，一家三口的生活还是很紧张。亲戚朋友也会给予一定物质帮助，但都有限。现在物价水平上涨，加上通货膨胀，衣食住行的开销和小孩的特殊照顾沉重，使得家庭陷入贫困中，无能为力改变。

这就是典型的政府求助系统在发挥作用。

案例 17　一位 56 岁低保家庭女性在接受调查时表示：“街道和居委会对我们家里都很关心，一有消息会过来和我们讲，这也是我们关系好。平时过节什么的会有代表来探望，还有社区志愿者，都是一些小朋友过来陪着聊聊天。”

但政府系统的帮助也让低保家庭很尴尬。

案例 18　44 岁的小文受访时表示：“我家里是很穷，可是我不想让所有人都知道而看不起我，这年头，大家都看不起穷人，政府把我们的名单公布出来，这个有点受不了。”

案例 19　另一受访者也表示：“街道把我的名字放在橱窗来展示，我也承认我是低保家庭，但是也没必要把我写那么详细，然后在橱窗栏中告诉别人我是低保户，面子上也挂不住啊。平时我也不敢去小区锻炼，生怕邻里嘲笑。”

三、社会支持状况和求助行为的关系

（一）社会资源水平决定求助对象

低保家庭的社会关系会趋向建立在经济水平相当的成员中。访谈结果发现，一般在享有低保的成员，他们所接触的朋友、社交范围也大多都是享有低保或者贫困家庭。但是往往使低保家庭能够脱贫的关键是社交关系网络中地位最高者所带来的社会资源。所以社会关系网络的范围越广，所获得的资源也就越多。

一般低保家庭的求助行为不是无目的的，一般根据自身社会支持状况决定，有什么样的支持系统，就有什么样的求助方向。可以说，低保家庭的社会关系网络决定了获得社会支持的可能性的大小。

案例 20　一位 45 岁男性受访者表示，“我平时在家没事儿干就喜欢出去走走，锻炼锻炼身体，虽然穷，但是还有那么点儿乐观向上的精神，那天，碰上以前的老同学，自己开了公司当老板，一看我腿脚不方便找不着啥好工作，就让我去他公司跟着他干，这不工作就来了嘛……”

所以说真正帮助到低保家庭的求助对象是亲属，非亲属还是政府系统是取决于低保家庭的社会资源水平。社会网络规模越大，越能得到资源水平越高的救助，求助对象也就不局限于亲属中了。

（二）社会关系强度决定求助类型

格兰诺维特将社会关系网络分为弱关系和强关系。弱关系主要指的是工具性支持，比如提供就业途径等，研究表明弱关系在获取资源的种类和质量方面更有效。而强关系指的是情感性支持，一般是直系亲属对于家庭提供无偿的货币或实物提供，更多的是在精神上的慰藉。强关系的建构会有更多的共同点，关系也更亲密（洪小良，2003）。对于无偿的货币和实物提供，照顾孩子和年老的父母，生病或有残疾的人，给予精神上的鼓励基本是强关系来完成。但就业救助，资源获得上面，弱关系提供了更大的可能性。边燕杰的研究表明，尽管在帮助找工作方面，中国社会强关系往往比弱关系发挥的作用更大，但具体到贫困家庭，显然在其求职过程中最重要作用的应该是信息，而不是人情和影响。这主要与贫困家庭失业人员的求职层次较低有关（洪小良，2007）。

第四节　城市低保家庭现行的脱贫方案以及困境

目前我国的脱贫困境局限于现行的脱贫方案无法满足低保家庭的需求，对于低保家庭的求助行为，现行的制度更无法匹配。这是最低生活保障制度的内在限制，也是我国的福利制度发展的不完善之处。

一、就业求助与就业政策的不匹配

长期的失业或无业的结果致使贫困户的社会再适应与工作适应困难度增加，因为失业者普遍文化程度较低，多数为产业结构调整的淘汰者。但他们迫切需要工作来解决经济上的问题，而低保家庭因为社交网络的狭窄，无法获得有效的就业信心与渠道，多数只能通过社区街道的介绍。由于我国的就业政策实行机制并没有很好地覆盖到每个方面，对于技能低的低保人员不能提供专业有效的培训，相关机构、公司也没有政策会招收这些被社会淘汰的失业者。久而久之，失业者因长期待在家里反而失去基本劳动的意愿与能力。

案例21　女，40岁。她本人叙述："我曾经听过福利养懒汉的现象，当时觉得很不屑，现在看看自己真的觉得很无奈，我中专毕业，虽然后来自己也去学过烧菜，但是一般也只有到私人老板开的饭店去打打工，大饭店根本不要我这样的人，而私人老板的店太不稳定了，我以前干过两家都是没多久老板就因为各种原因不做了。对于低保的依赖性也真的是不得已而为之了。"

二、医疗求助与医疗体制的不匹配

困难群体的医疗问题是一个日益突出的社会问题。据卫生部的抽样调查，在贫困地区患病未就诊的达72%，应住院未住院的高达89%，因病致贫和返贫的达50%（黄云龙，2004）。医疗保险的覆盖面窄，要求高，因为有部分人群无法享有现有的医疗保险，并且患上严重的病的话，医保根本只是杯水车薪，昂贵的费用直接让患病者变成贫困群体。而这些生过重大疾病的人本身又缺乏劳动力，无法出门工作，所以造成了贫穷。

案例22　女，42岁，丈夫5年前被查出肿瘤，经过手术当时已经好了，去年发现身体又出现问题，家里这些年来状况越来越差。本来经济条件尚可，虽然不富裕也不像现在这样捉襟见肘的，孩子也还小，要等孩子养家还要好几年。

案例23　女，44岁。"婆婆常年身体不好，现在家里开销最大的就是医药费，最担心的就是病情的变化，一旦生病，像我们这样的家庭根本没有能力应对再大的变故。"

三、教育求助与教育体制的不匹配

对困难群体来说，观念的落后以及由此形成的一套特定的生活方式、行为规范、价值理念等，是其长期贫困的一大原因。同时，这也造成了贫困的代际传递。为此，要消灭贫困首先必须改造贫困文化（黄云龙，2004）。一大部分低保家庭认为自己无法承担儿女的学杂费，特别是上了大学。而家长却不希望自己的儿女像自己一样没有文化，所以一定要让自己的孩子上学。一般会把教育支出作为优先支出费用。但是付了这一笔费用后，在别的开销上就难免要捉襟见肘了。解决贫困代际问题，教育是一块很大的投资，我们现行的教育制度虽然排除了文盲的现象，但是并没有为低保家庭的孩子们提供特别的福利。教育制度虽对学习成绩不错的但贫困的孩子们全免学费，并发放更加丰厚的奖学金。但这些优惠政策仅在个别的大城市有落实，全国范围内却仍旧是一个很大的问题。

案例 24　女，44 岁，下岗工人。儿子念小学的时候她就和丈夫离婚了，现在儿子念高中了。离婚给孩子造成了一定的影响，而现在自己又失业了，母子俩就相依为命地生活，因为孩子成绩优秀，又因为家庭条件不是很好，所以学校老师和同学都对他特别照顾。

四、住房求助与住房政策的不匹配

住房是人类生活的基本条件之一，是社会安全的前提。但是随着近几年来中国的房价飞涨，普通老百姓都买不起房，更何况是贫困群体（黄云龙，2004）。我们可以看到低保家庭的住房基本是廉价的房屋，群居性为主，住房条件差，卫生条件差。但是中国的房价无论政策怎么宏观调控，就是降不下来。从整个国际社会看，尤其是发达国家，主要通过政府干预解决低收入居民家庭的住房问题，而且住房救助在整个救助中一般都占大头。因此解决住房问题应有针对社会困难群体的特殊性住房保护政策，如建设公共房屋等。目前中国有《城镇廉租房管理条例》，但是落实得不好，基本都给囤房的人抢去，真正给予低保家庭的少之又少。我们应该继续完善廉租房政策，改善住房条件（黄云龙，2004）。

案例 25　男，55 岁。"我们就总共五十几平方米，却住了五口人，上有老下有小，实在很不方便，上个厕所还得和人公用，不提了不提了，买不起房，廉住房有，但申请不到，想想孩子快工作了，再忍忍吧。"

五、低保家庭特殊服务求助与相关福利政策的不匹配

这里的弱势群体指的是残疾人、农村向城市务工的人群等。这些也占了贫困群体很大的比例，比起四肢健全的人，残疾人不仅被社会排斥，无法就业，

无法融入，无法找到归属感。城市新农民阶级也因户籍等一系列问题无法享有应有的福利政策。在这方面，现行的福利政策并没有对这几个群体作出相应的扶助。

案例 26　女，50 岁。“我前几年出了一场车祸，失去了一只脚，自从变残疾后，我就无法工作，老公也因为我残疾都不怎么回家，家里还有孩子要养、要照顾，我一直在想为什么那场车祸不直接把我撞死得了，现在真是生不如死。你说谁会要一个残疾人工作，只是我的孩子太小，舍不得他呀……”

第五节　进一步的思考与建议

对于以上探讨的脱贫困境以及存在的生态系统状况，我们给出以下几点思考与建议。

一、发挥内部生态系统的作用

（一）摆脱贫困意识

低保家庭的贫困是城市中客观存在的一种现象，作为一种社会存在，必然会反映在贫困家庭的思想意识中，必然会促生相应的人格意识心理。唯物主义者认为：不是人们的社会意识决定人们的社会存在，而是人们的社会存在决定人们的社会意识（宋圭武，2005）。宋圭武指出让低保家庭摆脱贫困意识，至关重要，具体原因如下。

首先，严酷的生存条件增大了贫困者的压力意识和危机意识，而压力意识和危机意识又诱致了贫困者极强的竞争意识。

其次，由于生活水平的落后，贫困地区的人们为了维持基本的生存，往往偏好闲暇，容易诱发人们的机会主义心态；重物质，轻精神，重感性、轻理性，缺乏自信，重视迷信。

最后，贫困促使低保家庭成员自尊心与自卑感都很强；导致贫困者人格的冷漠和对他人不信任度的增加。

上述由贫困而滋生的种种人格意识特征总体上只会使贫困者更加贫困，所以，贫困本质上是一种循环。这种循环的具体表现是：贫困产生贫困人格意识，贫困人格意识加剧贫困状态并且使贫困人格意识更浓，从而更加使贫困恶化（宋圭武，2005；王建祥，2008）。所以，贫困也是一种“低水平均衡陷阱”，贫困既是贫困的原因，也是贫困的结果。由此可知，解决贫困问题必须要靠外部启动，要依靠外部力量打破这种循环，使其进入另一种良性循环状态。

如何从外部启动，打破贫困循环状态，有三种途径：一是改变贫困者所处的环境条件；二是改善贫困者所处的社会环境条件；三是提高贫困者自身发展的能力。

（二）发挥个人支持系统的作用

低保家庭要想脱贫，首先应该求助于个人支持系统，即主要是微系统和中系统。这主要得求助于家庭家族和邻里、亲友的帮助。在这方面，这些生态支持系统可从以下几个方面帮助低保人员脱贫，而根本点是促进再就业。

首先，要帮助低保人员提高技能，多创造机会帮助低保家庭劳动力进大中专学校、技能技术学校等进行专业化、系统化培训。

其次，对劳动力比较欠缺或者比较弱的成员，要帮助他们开展技术含量低、适应范围广的服务技能培训。

最后，帮助低保家庭人员培养自救意识，比如扶持创业，帮助找工作。

二、发挥外界生态系统作用

（一）树立正确的社会支持观念，强化政府服务意识

观念塑造行为，观念也引导行为。政府中的一些工作人员将对困难贫弱群体的支持视为施恩惠而不是将其视为应尽的义务（张训宝，2006）。这些人的错误观念往往导致有些公务人员在提供相应服务时居高临下、服务意识淡薄，对于防患于未然的“防贫”重视不足。现有的低保工作内容也往往局限于常规性的物质补贴，对于“紧急情况下”的特殊情况应对不力，以至于仅有不到1/10的被访谈者认为在紧急情况下曾经获得政府的相应经济支持。低保人员曾经是，也仍旧是社会的重要贡献者，为其提供一定社会保障是一项政府投资。事实上，

对弱势群体的社会支持应当具有追求公平的属性，弘扬以人为本的社会支持价值取向，是政府应该树立的正确的社会支持观念（张杉杉、李敬雅，2011）。

（二）矫正低保人员的认知偏差

张杉杉、李敬雅在研究中还指出，传统的“扶贫解困”往往由政府机关设计方案、实施行动和引导方向，当政府机关在“说教”的同时还要扮演“帮助”身份时，其“说教”内容就会成为“放弃自身责任”的活样板。角色错位容易形成相互要求对方的恶性循环，导致相关工作难以开展，尤其是对于自身认知存在显著偏差的个体，对其工作有效性更是会大打折扣（张杉杉、李敬雅，2011）。此次调查结果也证明了这种现实：即使对于政府提供的客观支持，低保受助者都没有给予充分的肯定。这另一方面也说明低保人员对于客观现实的判断存在明显偏差。低保群体与政府部门消除偏差、相互理解是多元社会支持系统良性运转的根基。建议引入“心理支持工作室”作为相对独立的第三方，这一模式可以有效降低服务对象的自我防御机制。由专业心理人员和低保人员进行沟通，一方面，不易产生防御和抵触；另一方面，专业心理人员可以运用专业知识，给予不同年龄、不同性别的个体更符合自身需要的支持，从而提高对低保人员相关的工作质量（张杉杉、李敬雅，2011）。

（三）完善相关政策，规范低保管理

如何淡化“低保身份”，建立“专项公益基金”，让低保家庭的自身生态支持系统效果得到发挥，是规范管理的重要落脚点。应该说，针对低保人群的救助越来越多，资金投入也越来越大。但在实施细则上过于粗线条，“普惠”现象明显。这不仅不能激发个体更多的认可和感动，而且可能促使某些个体更依赖于这种救助。更为重要的是，这种普惠式的援助消耗了大量资金，导致政府没有办法集中力量对那些特别需要帮助的低保家庭“雪中送炭”。建议一方面减少发放各种“普惠”补贴，淡化低保人员的“低保身份”，降低其对低保的依赖；另一方面统筹资金管理，针对特定群体和特定事项以“服务购买券”的方式提供各类“专项公益基金”，如“教育专项救助”“医疗专项救助”以及“岗前培训专项资金”（张杉杉、李敬雅，2011）。总之，实现有效的专项基金配置，可以在降低“低保身份”附加福利的同时，提高政府对于贫困家庭应对紧急支出的支持力度，有效消除现有低保家庭的后顾之忧，避免其出于自保而作出的“逆向选择”。

三、统筹协调发挥多元社会支持系统作用

从国际上看，民间组织、社区、志愿服务和社会工作已经成为社会支持的主力军，而我国长期以来过分强调政府责任，过分注重政府福利资源，对各种社会支持系统利用不足（张杉杉、李敬雅，2011）。为此，在制订提高低保人员社会支持水平的干预计划时，政府应将福利服务提供的责任转移至私有市场（如邻里或小型社会服务团体），实现分权；尽可能综合操纵可能对个体产生影响的所有因素，从系统的、多水平的角度了解和分析低保人员的诸多生活环境，建立多元的社会支持系统。近年来，社区成为政府责任下移的重要平台，在低保人员的社会保障工作中占据着越来越重要的地位（杭行，2003）。从某种意义上说，社区是弱势群体社会支持系统的一个基本单位，社区内的组织、群体和居民最接近，也最了解弱势群体处境，因此，社会应该可以为弱势群体提供最直接、最方便的援助（张杉杉、李敬雅，2011）。

低保制度作为一项社会保障制度，尽管在保障困难群众的基本生活、维护社会稳定、化解社会矛盾、保证改革顺利进行等方面，起到了很好的作用，但这项制度治标不治本，本身也存在一些问题。

本章关注低保家庭的生态系统、求助行为和脱贫困境，本身是从对弱势群体的一种心理研究和人文关注的角度出发，本研究并非想单纯地把低保人员贫困的生活现状归因于低保人员自身的生理或心理原因；恰恰相反，该研究正是要提高政府部门对低保人员的了解程度，从而有效认识到并找到满足低保人员正当心理和情感需求的途径，并借助低保家庭的内外生态系统脱贫。因此，本章提供的低保家庭困境分析和脱贫方案也是从低保家庭生态系统出发，希望为社会正确认识低保家庭生活状态产生的原因以及他们的生态系统脱贫链分析提供参考依据。

第四章

城市低保家庭的家庭生活、自我反思与改变预期

随着社会的发展，目前城市居民最低生活保障制度的实施仅仅解决了低保家庭的最低生活需求，并没有寻求到解决低保家庭贫困的根本原因，低保家庭在婚姻生活、基础医疗、子女教育、就业、住房环境等问题上面临着一定的困境。本章以上海 50 户低保家庭为例，通过开展个案访谈进行社会学分析，了解低保家庭的家庭生活和他们面临的困境，他们对于现状的自我反思以及改变低保状态的预期。本章指出在创新社会管理体制的背景下，社会工作必须分析社会低保家庭的家庭生活，通过深入访谈了解低保家庭的自我反思与改变预期。从动态的角度来分析把握贫困的特性，最后结合现有的社会政策，探寻和提出从根本上改变低保家庭现状的方法与策略。

第一节　问题、回顾与路径

一、问题缘起与逻辑起点

贫困问题一直是人们普遍关注的热点话题之一，它成为影响经济发展和社会稳定的一个重要因素。对于贫困问题的研究，也已经从农村贫困发展到了城市贫困。

我国的城市居民最低生活保障是具有中国特色的城市社会救助政策，它是城市发展和社会进步的重要产物，是现代文明的重要标志，被称为社会的“最

后一道安全网”。城市居民最低生活保障制度的发展更是有目共睹，政策的发展过程是对问题的不断检讨、解析以及相关完善的过程（于秀丽，2008）。1993年5月，上海市率先建立城市居民最低生活保障制度。通过不断完善低保制度，在救助对象上，范围扩展到了在职、下岗、失业人员及家属；在保障内容上，有养老、医疗、失业、生育、工伤等不同品种；在保障形式上，有社会保险、社会救助、社会福利、社会慈善等多种方式（郑红，2008）。

从民政部获悉，2013年3月，上海市城镇居民最低生活保障人数为218854人，支出金额为9943.15万元，相对于1月和2月有一定的减少，但是低保家庭的数量仍然十分的庞大，其中占份额较多的是失（无）业人员家庭和重残人员，其比例占到了保障人数的一半之多。那是什么原因导致了这么多重残人员和有劳动能力却没有工作的家庭的出现呢？这就是我们今天要讨论的问题（上海民政局，2013）。

低保制度的实施可以说在一定程度上缓解了城市贫困问题，但只是留在短期内解决问题的层面，减缓了这种贫困矛盾的增长速度，却无法有效地抑制消除贫困。低保家庭在就业、婚姻、教育、医疗等方面还是出现了很多问题，低保家庭的基础医疗没有做到全面的覆盖，还是有很多低保家庭的成员没钱看病甚至耽误看病的时间导致身体上一定的残疾。就业方面没有一个完整的、系统的培训帮助低保家庭解决工作困难，而在低保家庭的第二代子女的教育方面，没有一个良好的机构帮助这些低保家庭的第二代在教育学习方面得到进步，这会导致低保家庭从根本上摆脱不了低保的宿命。低保家庭在面对这种困境后不断地反思，思考自己为何摆脱不了贫困的束缚，他们内心对改变是有一种预期的，但是却在行动上受到了方方面面的约束，导致贫困的现状一直无法改变。

本章的逻辑起点是在综合现有文献研究和调查资料的基础上，试图以上海市50户低保家庭的自我反思与改变预期为切入点，评估低保家庭的家庭生活状况，对低保家庭进行深入访谈，了解他们自身的想法，了解他们对于持续这种生活状况的反思，并分析他们目前存在的问题，以及他们如何利用身边的社会资源来让自己脱离贫困，他们对于家庭生活的改变预期的看法，但是由于种种原因无法达到的破解困境之道。

二、文献回顾与分析路径

（一）国外城市低保制度经验

1. 英国

英国的社会救助制度发展漫长，它是福利国家之父。英国的社会保障制度经历了从普救型制度到典型的补救型制度的改革，作为福利国家代表的英国，正在逐渐摆脱大包大揽的传统，注重政府的“卸任”以及个人和社会的“载任”。现在英国的社会救助需要的资金是由政府来保证的，并且由志愿者组织承担服务的具体事宜，这样的救助模式，不仅提高了效率，而且也保证了公平（雷璟程，2011）。

2. 美国

美国的低保政策是补救型的较为齐全的社会救助。1935 年美国颁布了世界上首部社会保障法典——《社会保障法》。到现在为止，美国的社会救助项目仍然是覆盖了生活的方方面面，极其细化。另外，美国的低保政策的一个非常有特点的地方是美国的社会救助工作十分的专业化，在组织和人员上都十分的专业化，工作人员都接受了专业的培训并且取得了相应的执照，这些硬性条件的养成都对美国社会救助的工作奠定了一个良好的基础（雷璟程，2011）。

3. 德国

德国的社会救助十分有特色。德国的社会救助分为两种，对于低收入家庭和特殊困难家庭实施不同的保障方法，对高龄、残疾等有特殊困难的家庭实施的救助标准也比其他一般的低保家庭高出 30%，这种“量身定做”的救助模式对于不同需求的困难家庭提供了不同的保障标准，做到因人而异。而德国的社会救助还首创了社会保险制度，用保险的形式来在事前预防可能产生的任何风险，让低保家庭做到“自保自助”的救助模式，这样的救助模式能够最大地发挥政府的主观能动性和民间居民的互动模式，强调了社会力量的积极作用（雷璟程，2011）。

4. 加拿大

加拿大的社会救助体系很完善，形成了纵横交错的社会救助网络。纵向说来，形成了联邦政府、省政府、市政府、社区等服务链，横向看来，有三个平行的渠道为民众提供服务，一个是主流的社会的专门援助机构，第二个是母语救助体系，如对华裔移民提供汉语服务，第三个就是以教会为主体的慈善机构。这些社会救助都是公益的，不收取任何费用的（中国新闻网，2012）。

（二）国内城市低保制度经验

自从我国进入了改革开放以及社会主义市场经济体制建立以来，在改革的大环境下，就必然会有大量的国有、集体企业的职工面临着下岗的危机，对社会的稳定有一定的影响。面对这样一个民生主题，我国传统的社会救济制度已经无法满足这个需求，根据国际惯例，社会救助就是城市最低生活保障制度能够为城市居民在最低生活上提供保障，能够有效地缓解社会矛盾，于是，我国就开始着手建立适合我国社会主义市场经济发展形势需求的社会救助制度。

1993 年 6 月，上海市政府宣布建立“城市居民最低生活保障制度”，拉开了中国社会低保制度的序幕。这个时期是低保制度在上海的试点阶段，经过一段时间的观察，到 1995 年上半年，相继有 6 个大中城市也建立了城市居民最低生活保障制度。之后的一段时间，民政部门对社会保障制度进行了大力度的有组织的推广。从当时的情况来看，城市最低生活保障制度建立的步伐与我国各城市的市场经济发展和体制改革的进度是基本一致的，它的建立符合了当时的需求，是十分有效的。到 1997 年全国三分之一的城市开始实施这个社会保障制度，慢慢地将这项措施推广到全国的所有城市。

最低生活保障制度在全国的各个城市推广完成后，国家对于这个新建立的社会保障制度也进行了一定的研究和改革，解决了低保资金的问题，增加预算，各级民政部门开始着力抓城市低保工作的方方面面，经过一定时间的探索研究和实践，保障制度由单一到多元，开始扩充到低保家庭生活的方方面面。范围由小至大，水平由低到高，建立专门的部门，也开始有专业的社会工作方面的人士加入到这项工作当中，相对以前已经有了一定的进步。这个适合我国国情的社会保障制度逐渐走向正轨，对于低保家庭的救助工作也慢慢地在提升。城市低保制度的建立到如今已经15个年头，这些年来，其发挥的巨大作用也是毋庸置疑的。

（三）以往研究的评述

城市居民最低生活保障制度作为政府主导的一系列城市反贫困政策中最核心的一项，它强调的是正式的社会保障制度对贫困者的外部支持，向他们传递最基本的物质和服务福利（曾秀芬，2006）。保障低保家庭在家庭生活方面取得一个基本的物质保障，但是随着社会的慢慢发展，物价的一步步提高，在就业、健康、子女教育、子女关系等生活的方方面面，城市低保家庭的家庭生活开始面临一系列的问题。

在子女教育和工作方面，受教育不足现象即为教育贫困，对于低保家庭所带来的影响是最为深远也是最难以改变的。教育是增加人力资本和改变贫困状况的关键因素。但遗憾的是，低保家庭几乎无法承受高昂的教育费用，子女容易被迫辍学，低保家庭自身的教育水平也偏低，这样就容易造成恶性循环（张兵，2008；孙莹，2005；王惠民，2010）。

由此城市最低生活保障制度导致了一些贫困者的“福利依赖”，不利于破解城市贫困的长期化和稳固化趋势，造成了政府扶贫资源利用效率的低下，增加了政府的财政压力（胡杰成，2007）。洪大用教授曾系统讨论过城市居民最低生活保障制度产生的延伸效果，他指出，由于稳定的预期导致了不可忽视的“制度依赖”：“在没有工作的低保对象中，46.6%人没有再就业的意愿”，似乎正在建构一种相对稳定的贫困文化（洪大用，2005）。更出乎意料的是，“啃老族”现象居然在低保家庭中也开始出现，这是一种更严重的“福利依赖”（李棉管，2008）。确实，从长远意义上来说，“低保制度仍然是一种被动的反贫困行动，它是必不可少的，但不能作为反贫困行动的‘主力’”（关信平，2003）。

针对这种消极的反贫困政策产生的福利依赖，我国学者纷纷展开讨论，各抒已见。祝建华认为我们要实现城市居民最低保障制度的理念转型，实现生存与发展并举，从“被动补救”到“主动回应”，从收入维持到生活援助（祝建华，2009）；唐钧则提出了可持续生计和资产建设的理念，通过增加受助者的资本与能力实现可持续发展（唐钧，2005）；也有学者提出，中国目前的反贫困仍然需要将重点集中在解决物质贫困和能力不足方面，他认为社会权利的贫困是导致经济贫困的重要原因（洪朝辉，2003）；甚至很多学者从就业、教育等细节方面去探讨反贫和脱贫政策。

根据以往研究的评述，本章将针对城市居民最低保障制度展开理论研究，通过对已有的文献进行回顾、分析和总结，分析城市居民最低保障制度在低保家庭生活方方面面的现状，了解低保家庭在工作、婚姻生活、子女教育等方面的现实困境，试图结合现代社会工作学中学到的知识，实现目标重构，扭转贫困群体无能、无权的状况，重点实现由制度性“他助”向“增权”性自助的制度救助形式的转变。作为一项政策性研究，本章将通过制度的剖析，发现问题，分析问题，并运用相关的理论知识，试图提出问题的解决政策建议。

（四）分析路径

由于城市最低生活保障制度在我国运行的时间还不够长，经验不多，对于这个相对比较新的政策在政策设计和运行中都存在着一定的问题，低保工作的工作机构和人员力量配备相对薄弱，虽然已经有一些低保对口专业的专业人员加入到这个岗位当中，但是对于较大的需求来说还是相对匮乏的，现在的低保工作主要是由社区的居委会来承担，就拿家庭收入核查来说，国际上都是运用专门的收入测算方法和系统科学的调查体系，但是现在由于技术和操作上的缺乏，我国多数地区是采用一些比较简单原始的调查方法进行了解的，工作效率差，而且不够专业化。

本章的分析路径主要通过对低保家庭的家庭生活的了解，掌握低保家庭对于目前生活状况的自我反思，分析低保家庭对于未来生活的改变预期，探讨贫困身份生产的现实困境，并探寻破解困境之道。具体分析路径可分为以下层次：

围绕“低保家庭家庭生活”“自我反思”“改变预期”等关键词，检索中英文文献。在文献中主要看到对低保家庭家庭生活问题研究的基本结论，以及研究发展中的最新观点，为本章研究提供重要的支持。文献研究法具体是选择合适的文献进行阅读并研究，摘抄文献中可适用于本章研究的作者观点及理论。文献中的作者观点大都是成熟的，可以给我们在本章研究中提供一些可靠线索，并从中获得启发。其中，适用的文献不仅是与本章研究问题相关的书籍，还可以包括有关政府部门的文件以及一些社会政策。此文研究主体为低保家庭的家庭生活，因此可涉及的相关社会政策有城市居民最低生活保障制度、义务教育、促进就业、社会公平、社会保险制度、社会救助制度等。在研究中，穿插社会政策，才能够有效。

在深度个案访谈中，使用实地研究法、口述史研究法、叙说分析研究法与低保家庭进行沟通交往，从中收集低保家庭的家庭生活现状，收集在低保家庭中具有突出特点的家庭生活状况。

最后，采用叙说分析法分析相关资料，我们是一个听低保家庭诉说故事的人，我们去邀请被我们研究的主体——低保家庭的成员来说说他们的故事，鼓励他们对他们所说的事件赋予意义。我们在提问的时候，采用一些日常的聊天形式的惯用语。我们多问了一些有关低保家庭对于低保现状的反思以及他们有没有改变这个现状的预期。与低保家庭建立良好合作关系，提供一个自在的情境，鼓励低保家庭讲述他们的故事。最后将这些资料加以整理运用。

本章研究低保家庭生活的现状、低保家庭成员的自我反思和改变预期，探索出有效实现贫困脱离和贫困遏制的办法。本章要求在深入实地开展深度个案访谈和口述史的基础之上，开展质性研究，运用叙说分析法，并得出研究结论，达到一定的拓展和创新。

三、研究设计

（一）核心概念界定

阿格妮丝·赫勒在她的《日常生活》中认为，如果个体要再生产出社会，他们就必须再生产出作为个体的自身。因此可以把日常生活界定为“那些同时使社会再生产成为可能的个体再生产要素的集合”。并且，因为“没有个体的再生产，任何社会都无法存在，而没有自我再生产，任何个体都无法存在。因而日常生活存在于每一社会之中”，而“每个人无论在社会劳动分工中占据的地位如何，都有自己的日常生活”，当然，“这并非说日常生活的内涵和结构对所有社会中的个体都是同一的”。赫勒的说法在总体上勾勒出日常生活的一些带根本性的特征（杨善华，2007）。

1. 家庭生活

在我国这个大环境下，家庭自身的演变与变迁主要是在日常生活中，也就是在家庭生活中来实现的。由于家庭功能、家庭结构和家庭关系都从一个侧面反映着家庭的内涵，是体现家庭机制的有机整体（杨善华，2007），所以本章我们讨论的是低保家庭的家庭生活。在低保家庭的家庭生活中的生存范畴内，低保家庭为了满足自己的需要所采取的行动，包括工作、住房。而对一个家庭来说，婚姻也能从另一个侧面体现家庭生活的完整性，如果低保家庭存在离婚、丧偶等都会影响低保家庭的生存状况，这也是我们关注低保家庭生活的一个方面。生存的第二个含义包括了生育，低保家庭经过了婚姻后会孕育第二代，这时候子女的生活环境、子女的受教育情况以及他们与其子女之间的亲子互动也是在持续发生中的。

2. 自我反思

在对低保家庭成员进行个案访谈的过程中，他的个人生活史以及个人的生命过程，都与所经历的家庭生活息息相关。在访谈时，低保家庭成员是会被带入我们设定的场所内，我们从他的家庭生活入手，也能让他对他的家庭生活进行逻辑的思考和反馈，把有用的信息传递给我们。并且通过叙述自己的家庭生活来深入地挖掘成员对于低保这种现状的自我反思，不让他被现实生活所处的环境影响，能够给出一个较为中肯的反思内容。

3. 改变预期

反思过自己目前生活状况后，他们对于目前现状会有一个看法，对于改变的预期有些家庭会比较强烈，而有些家庭的改变预期就不强烈，甚至有些家庭的改变预期是摇摆不定的，在一些特定的环境中会很想改变，但是过了一段时间又开始安于低保的现状。通过与他们的深入访谈，我们能够得出一个合乎主观逻辑的诠释。显然，把握了个案访谈意义的逻辑，也就抓住了被访人赋予访谈内容的意义的脉络（杨善华，2007）。

（二）样本选择

本章选取了上海市康健社区的低保家庭为研究对象，选取不同家庭特征的低保家庭作为样本，希望能够较为全面地了解低保家庭的家庭生活，个案访谈的时间根据康健社区的专业人员进行安排。

（三）个案访谈技术

本研究以社会学理论为指导，运用实证分析、理论分析等研究方法，从低保家庭的家庭生活入手，了解他们在婚姻生活、亲子互动、健康、工作、住房环境等出现的问题，积极帮助他们寻找解决方法，并且通过深入访谈了解他们对于低保现状的自我反思以及改变预期的一个设想。本章中的案例和叙述均来自个案访谈。

实地研究法主要是采用个案的研究方法，对上海 5 个行政辖区 10 个街道所辖社区的 50 户低保家庭进行个案深入访谈，与 50 户低保家庭中的家庭成员通过聊天方式，进行深入交流。在访谈过程中，观察 50 户低保家庭现有的生活状况和自从陷入贫困后的自我反思。虽然访谈是对一个整体低保家庭所有成员进行，但因为本章研究的主体是低保家庭的自我反思与改变预期，因此在访谈中主要去挖掘他们对贫困的自我反思，及他们对改变贫困预期的想法。访谈中，要以低保家庭为中心去观察、了解各个方面，最后将收集的资料进行整合研究分析。

口述史研究方法主要采用的是访谈方法，具体操作是与研究对象进行交谈，从当事人口中得知与本章研究问题相关的信息，即为得知低保家庭对于目前家庭生活的一种态度。首先了解他们贫困的原因，在交谈中总结该如何让低保家庭消除贫困。其次了解低保家庭他们对于贫困的自我反思。再了解低保家庭对于贫困状况的改变预期。只有了解他的所思所想，才能真正地破解贫困难题，提供满足他需求的帮助，才能真正地实现贫困脱离和贫困遏止，从而有效寻找相应解决对策。

（四）分析策略

将所有的资料收集完毕后，将已有的访谈内容通过自己的理解与验证，给予描述并解释出来，并且提出问题，揭示问题的根本，运用揭示性的实例调查，对所产生的问题进行说明，提出自己的看法。

然后运用质性分析研究法对所收集的资料进行整理、分门别类、分析、梳理。总结出低保家庭的家庭生活现状，低保家庭贫困状况的自我反思，低保家庭的贫困状况改变预期；总结出低保家庭孩子在生活各个方面会碰到哪些现实困境。

最后运用经验总结法，进行最终的归纳分析，使之系统化、完善化，上升到一种经验的总结，总结研究经验。

第二节　家庭生活：城市低保家庭的日常世界

一、住房环境和邻里交往

在与低保家庭进行交谈中，我们对低保家庭的住房环境进行了了解，发现了有一套自己的房子是低保家庭的梦想。然而，对于低保家庭来说，通常都是几口之家挤在非常狭小的空间，住房是急需考虑的一个因素，因为住房是人们休息、生活的重要场所。调查显示，上海康健社区低保家庭的平均住房面积是7平方米，因为康健社区地处徐汇区，属于市区，住房面积本来就紧张，这就是导致低保家庭的人均住房面积更少的重要原因。还有一些低保家庭是没有自己的住房，被视为“无家可归”家庭，该种家庭大部分是租房或者跟爸妈同住，居住条件较差（扈新强，2011）。

为了解决低保家庭住房难的问题，上海市也出台了一系列的政策，对平均住房在7平方米以下的家庭提供廉租房和经济适用房，这在一定程度上解决了低保家庭住房难的问题。

而在基本的家庭生活设施当中，很多家庭中的家电都十分的老旧，而且有些家庭连基本的冰箱洗衣机都没有，这在当今社会是十分罕见的。我们在进行个案访谈的时候曾深入到低保家庭的家中，看到他们实际生活的情况，对于他们生活设施的匮乏也深感震撼，下面这户人家就是一个三口贫困之家。户主原是知青，原在一个企业工作，现在病退在家，行走有困难，已经丧失了劳动力。他的妻子有轻度呆傻，原在一家街道企业做工，现在也病退在家，退休金微薄，但街道和原来的企业对她很关照。他们有一个活泼可爱的女儿，现在上初中。

他们的住房只有十来平方米，陈设很简陋，没有冰箱。当问起为什么不置买冰箱时，女孩说，家中没有什么要冷藏的，几乎从不吃鱼肉，平时吃的主要是青菜、豆腐，而且是当天买，当天吃。买冰箱要钱，还要用电，没有冰箱，可以节省电费。(案例 KJ－14－W)

低保家庭的邻里关系也呈现淡化趋向，“远亲不如近邻”的古训被低保家庭抛在脑后。七成多受访者表示并非完全不认识邻居，但多数只是“点头打招呼”“偶尔谈话”的关系，或仅限于“知道邻居姓名或职业”（武婵燕，2005)。而且低保家庭由于其家庭的特殊性，有些是因为羞于与邻居交谈交流，因为他们本身有一定的自卑感，这让他们与邻里交往十分薄弱。低保家庭中的孩子因为其家庭原因也缺乏与别人的交流。受访者李先生，与妻子和孩子生活在一起，当我与他们说到与邻居的交往怎么样的时候，他们纷纷摇摇头表示基本上不交谈，只是知道个名字。每天下完班就早早地回家，周末也不会想到要串门，因为他们觉得自己没什么好和他们交谈的，自己连生活都自顾不暇，不想从别人那里博取同情。他们的孩子年龄与一家邻居的小孩相仿，但是孩子似乎也知道自己是低保家庭的实际情况，每天回到家就自己躲到自己的小房间里，根本不跟别的小朋友交流，更不要说与邻居孩子玩耍了，所以从小就缺乏与别人交流的能力。(案例 KJ－21－L)

二、工作与健康

低保家庭的就业是保证他们生活的重要经济来源，然而低保家庭的就业也是目前他们面临的一个十分严峻的问题之一。低保家庭迫于各种原因，例如身体健康问题或者其他问题，无法拥有一份稳定的工作。通过访谈显示无业和下岗占有很大一部分比例，少数在职的低保家庭，从事打临时工的比较多，工作薪酬不高，并且经常面临下岗的危险。刘先生就因为自身的各种原因长期处于无工作状态。妻子身体不好，经常要吃药。他们家在领取低保救济后，基本上就靠着这个生活。后来在朋友的介绍下，刘先生找到了一份看工厂的工作，但是工资不高。现在他们家生活还是很困难，也就维持了最基本生活。虽然衣食住行方面都很节省，过得很拮据，但依然入不敷出。(案例 KJ－32－L)

低保家庭中的成员在工作上积极寻找工作，但是由于没有技能或者年纪大了，很难寻觅到合适的工作，政府现在也有提供就业培训，低保家庭也表示非常无奈，因为这些培训还要收费。张某，男，54 岁，他刚下岗赋闲在家时，心理打击很大，很沮丧无助，也很焦躁，生活一下子没有了着落。后来也积极出去找工作，但再就业过程中困难重重。申领低保后，勉强度日。后来他又参加了居委会举办的就业培训，但是要交费，所以他没钱就只能放弃。（案例 KJ－08－Z）所以，低保家庭就业上面迫切要解决的问题是工作的性质要多样性，社会积极提供一些免费的培训课程，帮助低保家庭的经济支柱能具有一定的技能，这样才能保证低保家庭在就业这方面的一个稳定的良好发展，最终可以摆脱贫困。

医疗保障状况能够从一个方面反映低保家庭在日常的家庭生活当中对于看病住院方面的态度，也能从一个侧面反映出低保家庭的家庭生活是否健全。王某，2002 年因公司业务重组下岗至今，其妻在 2004 年又因长时间疲劳工作生了一场大病，由于家境困难，没有及时治疗，治愈后仍然患有部分后遗症，无法参与原先的工作，失去了家庭唯一的经济来源。（案例 KJ－14－W）没有一个良好的身体，家庭生活怎么会好？怎么能摆脱低保的困境？从个案访谈的调查显示，对于低保家庭来说，看病是一件很奢侈的事情。被访者彭，夫妻俩下岗，现在丈夫在外面打些临时工，妻子在家，因为丈夫的父母有脑梗，行动不便，需要人照顾，照顾两个老人的负担很重，老人又有心脏病，老人的医疗费是这个家庭最大的负担。“就怕他出事，病一发作就要进医院。现在的医疗费负担不起啊。”（案例 KJ－33－P）他们对昂贵的医药费难以负担，就算有病也看不起，导致病好不了，没有一个良好的身体，家庭生活也无法得到改善。

三、婚姻生活

在对低保家庭的访谈中我们发现，高达 65% 的低保家庭的婚姻生活都存在一定的问题，究其原因，影响低保家庭的婚姻生活幸福的最主要因素就是收入因素，低保家庭中的男劳动力安于低保现状，不愿意出去找工作时，就会产生矛盾。刘女士是大楼里的清洁工，收入低，她表示，“我们结婚已 20 年，和丈夫关系不好。他（指丈夫）天天待在家，不愿意出去工作。真是生气，也没办法，不是为了孩子，早离了。”孩子高三，学习成绩不好，很厌恶家里的家庭气氛，不愿意待在家里，经常去同学家里玩。（案例 KJ－18－L）婚姻生活的不和谐还会影响到下一代的学习与成长。

低保家庭夫妻之间生活不幸福就必然出现争吵，影响婚姻生活的和谐，严重的会出现离婚的恶劣后果。受访者杨先生，下岗工人，后来一直未找到满意的工作，妻子因此而离开了他，留下儿子和他相依为命。对于妻子的离开，杨先生十分难过，他觉得妻子离开他抛弃他是不对的，又觉得跟着他过这种苦日子太不值得了。现在独自承担着抚养儿子的重担，他觉得如果妻子在身边的话会省力很多。（案例 KJ－26－Y）夫妻分手不仅影响彼此的婚姻幸福感，而且对于家庭中的孩子来说也是一个沉重的打击，造成低保家庭负担越来越重。

四、子女教育与亲子关系

在访谈的低保家庭中，有在读学生的家庭中，90%都把希望寄托在孩子的身上，希望可以靠孩子读书摆脱低保，所以他们会将积蓄都花在孩子的教育身上。“女儿（高中）很懂事，很爱学习，知道我辛苦，但是恐怕上了大学以后，学费就有很大困难了，因为她高中的费用已经花光了我们的积蓄，才供了她 3 年，我也不知道该怎么办，只能走一步算一步。女儿经常安慰我，她在长大，以后可以边工作边读，日子总会好起来的。想来，女儿也是我生活里唯一的安慰。”（案例 KJ－C35－W）

对于低保家庭的子女来说，这也是一种无形的压力。而且另一方面，我认为可以根据低保家庭子女所处的阶段实施分类救助，帮助他们更好地完成学业。在我们的个案访谈中，就遇到了低保家庭的子女为了减轻家庭的负担而选择早早地进入社会工作。小金，刚考上大学但是决定不去上学，“我们家就只靠着低保金哪能过日子，我如果上大学，开销会很大，爸爸天天往外跑，工作是有一天没一天的，妈妈又要照顾瘫痪的奶奶，不能工作，更不要说提供我四年大学的学费了。所以我想了好长时间还是决定去工作，我觉得我有这个能力，好歹我文化程度比他们高点。”（案例 KJ－25－J）这对于孩子来说是不公平的，我们要做的就是尽量减少这种事情的发生，做到让每个孩子能有书读并且能读得起书，他们有多少能力能够都让他们发挥出来，这样孩子才能真正地发挥出他们的能力并且帮助低保家庭摆脱低保的困境。

此外，在低保家庭中，由于经济上的困难，低保家庭的成员奔波于家庭的基本生活问题上，从小缺乏与孩子之间的互动，很少关注孩子的心理方面。受访者小李是一名学生，她说道："爸爸妈妈从来没有关注到我的心里是怎么想的，我一直很不喜欢他们拿低保，自从我们家开始领取低保后，就和别人的差距慢慢拉开了，有时候小姐妹好伙伴间虽然不是故意炫耀，但是听到别人说了一些我们家可能没办法获得的东西时就会觉得不自在，我那时候开始就慢慢地减少了与她们的聚会次数了。爸爸妈妈从来不关心我开不开心，就只知道问我的考试成绩，他们还当我是他们的女儿吗？"低保家庭的孩子比正常家庭中的孩子更需要得到父母的关爱，但是多数低保家庭的父母都在这点上十分缺乏，所以造成了亲子关系越来越差。

因此，很多低保家庭的孩子与自己的父母都不是很亲密，由于身处低保家庭中，很多孩子的性格不是很活泼，都比较内向。受访者40岁，"当初由于丈夫瘫痪而无法工作，我又要抽时间来照顾他，长久以后，我也被单位劝退，就一心照顾他。我们夫妇俩都没有了收入，小孩子还在读高中，只能靠领取最低保障金来度日。每个月的收入也就1000多元的低保金，又要吃穿又要供孩子读书，还要给丈夫治病。这孩子从小就不怎么跟我们说话，对我们也不是很孝顺，有时候他烦了还会对我们发脾气，我们就很生气，我们辛辛苦苦把你供出来，你还对我们这么差，真的是白养你了。"亲子之间的互动匮乏，导致了在亲子关系上存在很大的问题。

第三节　自我反思：城市低保家庭的实践世界

在对低保家庭的家庭生活进行了深入的了解过后，我们尝试询问他们对持续低保的这样一个状态有没有什么反思，为什么老是过这种日子。访谈下来，发现有些低保家庭自我反思得很彻底，但是苦于各种条件原因的束缚，也仅仅是停留在反思的层面上无法付诸行动，所以，只是徒增苦恼。那我们可以做的就是积极根据低保家庭的反思，找到他们在实践中面临的阻碍，帮助他们扫清这个阻碍，一步步地改善生活情况。

一、"我到底过的是什么样的生活?"

（一）健康方面

汪先生，在1980年通过招工的形式成为了某国有纺织生产企业的一名工人，从事机床维修的工作。妻子没有正式工作，主要负责照护两个孩子。1998年1月，汪先生因单位改制而被迫下岗。被安置之后，汪先生因突犯心肌炎而不能从事劳务性的重力活。随后找了几份工作都没能做下来，失去了生活的可靠来源，又由于孩子都在读中学，难以维持升级，他只得申请低保。由于无法根治又必须天天服药治疗，家里本身就没什么储蓄，孩子的生活费和学费都是很大的开销。很多时候，病只能扛着，让孩子们有吃有用，结果身体也越来越糟，只好呆在家里以休养为主。"在2004的时候，社区说我这个身体做不了交通协管员，那就去社区就近的一家公司做信件报纸的收发员，每月有个700元。当时，还不算老就是因为身体的原因不得不从事这些看大门之类的活。如果当时有钱看病，也许能找个好一点的工作，也不至于成为家里的拖累"（案例KJ-43-W）。该案例中的低保家庭成员在描述了自己目前的生活状态后，对自己在健康方面存在的问题十分的苦恼，因为健康的问题导致无法出去工作，反思自己这么年轻就给人家看大门，仅仅是因为当时看病缺钱导致没有及时就医留下病根。他对于目前的现状也十分苦恼、矛盾，内心是想积极通过行动改善，但是迫于身体上面的束缚没有办法，对于目前的生活状态很不满意。

（二）婚姻生活方面

"自从我们结婚以来，她就一直没有消停过，没下岗之前就是小吵小闹，后来我厂里经济效益不好，就下岗了，她也下岗了，这时候她就开始大吵大闹了，有事没事就说说我。我们拿了低保以后，她就不去找工作了，每天逼着我去找工作。因为我当时也没什么技能，只能找零工，所以工资不稳定，有时候没有活就只有回家。每次一回家她就开始说我，说我没出息，说我穷鬼，还说嫁给我真是脑子坏了。我也一直是忍耐她，结果去年，她在外面认识了一个人，就跟他跑了，跟我离婚，把孩子留给了我。我也很无奈，不是我不想工作，那我下岗了有什么办法，我又没有什么技能，找工作也不是那么好找的，还要照顾孩子，连老婆都不支持我离开我，动力都没有，我自己也很难过一直拿低保，觉得就像她说的，我是不是很没用。”（案例 XH－08－L）

上个案例中的案主对于自己老婆的行为十分气愤，他们在结婚当初就存在着一定的问题，直到后来拿了低保以后才正式爆发。案主也反思自己，他也不喜欢拿低保，但是由于自己没有什么技能，找的工作也都是临时工，最后老婆跟别人跑了，他自己还要照顾孩子。他觉得自己是因为没用加上没技能所以才会造成现在这个局面，家人的不支持不理解不帮助，也让案主十分难过。

（三）住房环境方面

郑先生，现在和爸爸妈妈老婆孩子一家五口挤在一间不足 20 平方米的房子里，房间里的设备非常的差，没有一件像样的家具和家电。郑先生的女儿现在在上高中，马上就要到了最关键的高考时期，她对于家里的生活表示出这样的无奈：“我现在过的是什么日子啊，我很想有一间自己的小房间，也很想有个自己的电脑，还有我马上就要高考了，我现在睡觉就挤在沙发上，完全都睡不好，哎，这是什么日子。”对于孩子的无奈，郑先生也表示出让孩子在这样的住房环境下也很影响小孩的成长，但是没有办法，现在过的这种日子也不是他们希望的。（案例 KJ－33－Z）

案例中的案主的住房环境十分的艰苦，而且加上案主家中还有一个在学龄的学生，她内心也产生了“我为什么要过这种生活?”的不平衡感，加上孩子又在青春期，很想拥有一间自己的小房间和一台电脑，这本来无可厚非，但是家里却提供不了这种需求，所以她就产生了上面的那种想法，觉得十分不公平。

二、“我的生活为什么是这个样子?”

(一) 子女教育方面

李小姐跟着自己的爸爸妈妈挤在一间 10 平方米的房子里，屋子里的设施也很差，连一个空调也没有。她现在的年纪应该是在读大学的年龄，但是她早早地参加了工作这份工作的工资待遇也不是很好。她很迫切地想改善自己家里的住房环境，因为实在太小，完全没有她的私人空间，而且她也希望有台自己的电脑可以拿来用。每次跟母亲说起这个问题的时候，母亲就会责怪李小姐上学的时候不好好上学，没有考上大学，现在的工作也不是很好。李小姐现在想想也觉得，是自己当时没有好好读书，所以现在没有能力改变家里的居住环境，这让她十分后悔。(案例 KJ－45－L)

案例中的李小姐因为居住环境很小，环境很差，所以迫切地想改变这个局面，但是由于爸妈都是吃低保，而自己现在的工作也不是很好，根本没有能力改变现状，而她自己，在可以通过努力地学习考上好的大学然后改变自己的未来的时候，没有好好读书。她现在开始反思自己过去不好好读书，导致现在还得继续跟爸妈挤在小房间里，没有能力帮助爸妈一起改善家庭的居住环境。现在想想觉得自己挺没用的，也挺后悔自己当时没有努力好好学习。

(二) 工作方面

高先生，男，53 岁，初中文化，单身。自 2004 年失业后，自己尝试过找工作但都未果。街道也多次为其介绍工作，但是由于高先生年龄偏大，无技术特长，均无单位接收。高先生无奈地告诉我:“现在我每个月只能拿低保金和街道的一些救济来过日子，等于是被养着。我也知道会变成这个样子是因为我自己没本事，但是又没有办法。”(案例 KJ－07－G) 高先生现在一个人过着拿低保和救济金的日子，反思自己这种生活，觉得像是被养着，感觉自己很没用。但是由于自身文化技能的缺乏，年龄又偏大，没有改变的办法，根本找不到一份合心意的工作，为此他也很无奈。

三、“这种生活什么时候是个头?”

(一)子女教育方面

张先生和爱人都是残疾人，没有工作，完全靠低保和亲戚的帮助过日子。张先生和爱人一直把希望寄托在孩子的身上，希望可以通过孩子来让这种苦日子熬出头，能够看到希望，但是孩子现在上小学四年级，性格内向，没有朋友，成绩也一般，平常也不爱跟他们说话。对于孩子的学习和未来，张先生表示，“读书也一直是让我们很头疼的事情，我和爱人文化程度都不高，小孩子平时读书有什么不懂，我们也帮不上一点忙。我们也想让他去补课，但是我们没有闲钱，有时候老师会帮帮孩子，而且想让小孩子上更好一点的学校也没有那个能力，我们真的没有办法带给孩子更多了。我们的这种生活到底什么时候才是个头啊，难道要一直低保，我们的孩子以后也会像我们这样吗？哎!”(案例 KJ - 27 - Z)张先生和他的爱人一直都把孩子当成他们的希望，希望通过孩子可以让这种生活走到尽头，但他们对自己也有反思，都知道自己的文化程度不高，根本没有能力辅导孩子的学习，一点忙都帮不上，更别说帮孩子上好一点的学校了。跟孩子的沟通也不够，拿着那么微薄的低保实在是不能提供孩子较好的生活。孩子是否能通过自己的努力让全家的生活慢慢变好也是他们很焦虑的问题之一，他们在思考这种生活到底能不能有个尽头。他们不想孩子以后也走他们的老路，靠低保过一辈子。

(二)健康方面

潘先生在年轻的时候因公导致了残疾，因为当时没有钱及时治疗，也就一直拖着，这么多年来一家人也过得十分的艰苦。对于自己的身体状况，潘先生表示出了无奈，他甚至表示这样生活下去还不如死了得了，给家里人增加了那么多的负担。这种生活要持续到什么时候？要到自己死了自己才能解脱吗？潘先生表示，就是由于自己的残疾，孩子早早地就踏入了社会，为了支付潘先生定期昂贵的检查费，所以他对生活已经丧失了信心，觉得看不到尽头。(案例 KJ - 47 - P)潘先生在年轻时落下的残疾导致他这么多年的生活一直处在水深火热当中，并且生活态度十分的消极，对这种生活表示出绝望，说出了“这种生活什么时候是个头"的感叹。对于疾病造成的后果，潘先生表示无能为力。

（三）亲子关系方面

学生方同学，是一名正在读高中的在校学生，通过和他爸妈进行交谈的过程中，我了解到方同学与爸妈的关系一直很差，也很叛逆，经常夜不归宿。通过多次积极的联系，我终于跟方同学进行了面对面的交流。他说："我现在已经上高中了，我身边的好朋友家里都不像我们家里这样，我爸妈就靠吃低保过日子，这让我觉得很没有面子，我在我那些朋友面前怎么抬起头啊，这种日子什么时候才是个头啊。"方同学表示他想赶快高中毕业考上大学就早点离开爸妈，这样他的生活才能有个新的开始。（案例 KJ－46－F）案例中的方同学因为自己家是吃低保的觉得很没有面子，对于这种生活，他迫切地想改变它，于是就有了后来的"想赶快上大学然后离开爸妈"过上新的生活，有新的开始，可见亲子关系多么的淡薄。对于低保的现状，低保家庭的子女表现出了难以接受的态度。

第四节　改变预期：城市低保家庭的想象世界

根据我从康健社区取回的调查数据显示，低保家庭对于低保现状的处理方式是不一样的，有些低保家庭积极乐观地想改变低保现状，争取走向小康；有些低保家庭在特定的时候会有很强烈的改变预期，但是过了那段时间又觉得这样也挺好，改变预期十分的模糊。而有些低保家庭的成员，对于低保现状已经麻木，产生了福利依赖。觉得维持低保现状也挺好，没有一技之长，因此也不积极地寻找工作，靠领取低保度日。这就造成了康健社区低保退保难的问题，还有些低保家庭退保了一阵子后又重新进入了低保的范畴，这就缘于低保家庭经济来源的不稳定，没有一定能够保证他们长期工作下去的工作技能，所以时刻面临着下岗的危险。他们当中的多数对于低保现状还是十分忧愁的，他们也迫切地想要改变现状，过上他们心里想象的生活，但是迫于自身技术、知识各方面的束缚，无法从根本上摆脱低保。

很多低保家庭把低保家庭未来的改变寄托在孩子的身上，因为自己的文化低，能力匮乏，所以现在只能靠低保度日，而孩子就成了他们改变未来的一个期许，所以低保家庭会在孩子的身上下很大的精力与金钱。对于自身的进步，很多低保家庭都觉得自己已经不能学习什么技能来改变现状了，所以我们的任务就是要低保家庭从自身就开始改变，提供给他们学习一技之长的机会，收取少量适当的费用。不能把希望单一地寄托在孩子的身上，要切实有效地提高他们自身的能力。

一、摆脱改善的预期

一是低保家庭在就业方面显示出十分强烈的摆脱改善预期，很想通过自己的努力摆脱困境，但是常常事与愿违。

受访者小李，27 岁，因一次意外面部烧伤面相不佳，婚姻一直无果，也因此多次找工作碰壁无门，通过原单位和再就业中心、人才市场、职业介绍所或人际关系网求职等都遭遇了坎坷经历。父亲下岗后在居委打扫卫生，收入很低，母亲多年前离家至今未归。她表示希望能够找份工作，维持家庭生活，而不愿意只是拿低保，对工作的要求也很低。（案例 KJ－18－L）案主李小姐十分想找份工作，来维持家庭生活，她内心的改变预期十分强烈，非常想要通过自己的努力摆脱低保的困境。对工作的要求也很低，但仍然由于形象问题，屡屡遭拒，找不到一份工作，这让李小姐十分郁闷。

二是对于那些有子女处于学龄阶段的低保家庭来说，他们迫切想在子女教育方面摆脱现在的束缚，提供给孩子更好的学习机会。

受访者徐先生和妻子都是下岗工人，由于工作技能和年龄的限制，下岗后一直找不到工作，居委介绍的也只是收入很低的保洁等工作，维持不了家里的开销。孩子初三了，比较懂事。“说起孩子读书的问题，真的觉得很对不起自己的女儿，现在如果要读好一点的学校都要靠缴纳一定的赞助费才能进去，而我们家没有这个条件，只能让孩子就近分配进入了中学。虽然教育质量一般，但是这么多年来孩子一直很努力，现在还剩下一年孩子就要中考了，但是目前懂事的女儿说她想放弃读高中，去选择一个比较好的中专，读完早点出来找一份工作。我和她母亲都不同意，觉得就算再苦都要让孩子好好地受教育，只有好好地把书读下去，这样今后才能有更好的将来。我们已经苦了这么多年了，不能再让孩子将来也继续这样子，一直这么艰苦地生活。”（案例 KJ－33－X）访谈案主的家庭十分拮据，现在有一个正在读书的孩子，在继续学习方面案主与孩子产生了分歧。案主和其爱人都有强烈的摆脱改善预期，希望可以通过努力，让孩子有一个美好的将来，不能让孩子继续这么苦下去，他们还是会继续支持孩子的学习，让她不必担心，希望孩子能摆脱低保的困境。

对于低保家庭的孩子来说，他们是爸妈的希望，懂事的孩子就会把这种希望化成动力。低保户家庭主要劳动力孙某失业后，家庭陷入了贫困，每天都出去找工作，但都是临时性工作，并且报酬很低。母亲没有文化，一直没有工作。孩子大一，很懂事，长相也干净，和同学相处融洽，从小就是班级里的好学生。对于父亲的失业，她表示自己要好好读书，等毕业了找好的工作就可以减轻家里的负担。（案例 KJ－41－S）本案例中低保家庭的孩子十分懂事，希望通过自己的努力在毕业后找到一份好工作，然后帮助家里摆脱贫困，摆脱改善的预期十分强烈。

二、依赖维持的预期

从就业工作方面来看，有些低保家庭长期享受低保，慢慢地形成了“福利依赖”，他们依赖低保，不愿意出去找工作。受访者梁先生：“实话说现在让我到外面去做做保安拿一点点钱，我还不如待在家里玩玩呢。干活人又累，像我们这种年纪大的人出去也找不到什么好的活了，而且也没有什么技能的，与其一天到晚站在外面不如舒舒服服地待在家里，还有低保金拿的。”（案例 KJ－50－L）在他们看来，出去累死累活地打打工，赚点钱，还不如闲在家里拿低保，落个舒服自在。对低保的一系列政策已经产生了严重的依赖，只想维持现状，过日子也浑浑噩噩，完全失去了生活的方向。

还有些低保家庭的家庭成员本来是有改变低保现状的想法。受访者小纪，高中学历，36 岁，“我文凭不高，毕业后由居委会推荐去一个装修工地做过保安，说实话，收入还可以，但是像这样的工作在他们装修结束之后就不需要了，然后我就失业了，继续领取低保。后来也做过一些零工，但是每次都做不长。而且后来收入也不怎么样了，同时每次失业了要再去登记手续也挺烦的，几次后，我也就不想再做了。”现在小纪整天打麻将打发时间，父母已退休，退休金每月300元，度日艰难。对于儿子的行为二老表示很无奈，也“不敢说他，一说他，他就发脾气，我们老了，随他吧，反正是他自己的路就让他自己走了”。（案例KJ－22－J）由于工作的反复加上工资也不怎么样，最终导致低保家庭的劳动力成员还是决定享受低保，面对就业的压力与低保的好处，案主最后还是决定依赖维持低保，本来萌发的就业愿望就被熄灭了。

三、反复摇摆预期

一是相对于那些在工作方面有很强的改变预期的低保家庭来说，有些低保家庭在工作方面显示出十分矛盾的心理，有些时候想改变，但是又觉得有些力不从心。

石先生说：“前些年很多人都下岗了，我也没能逃脱这样的命运，于是就一直待业在家，后来也出去打打散工，但是却没有单位愿意正式与我签下合同。我们的生活一直很不稳定，后来就只好吃低保了，靠吃低保过日子已经很多年了，也想自食其力的，可是社会不接受我们，而且现在坐在家里也有政府提供救助，有时候想想也觉得没什么改变的必要了，你说要我现在到外面找份工作我还有点不愿意呢。”儿子已经上大学，对于家里的情况不愿意表达自己的看法。石先生又说：“我有时候会觉得如果我靠自己改变了我们家庭的生活，找到一份好点的工作，也能让孩子过上好点的日子。现在也有打算再通过各种渠道试试看能不能找到工作，希望政府能给予一些帮助，但是又吃惯了低保，不知道自己能不能适应，所以十分矛盾。”（案例KJ－29－S）石先生对于找工作还是曾经有过积极的想法与行动，但是在日积月累的打击下，他也慢慢地适应了这种吃低保的生活，觉得没有什么改变的必要了，已经对于吃低保麻木了。而现在孩子开始上大学了，面对孩子，石先生又流露出了对寻找工作的积极性，希望可以来改善家庭的生活，但是又很担心自己的适应能力，所以一直没有付诸行动，处在一个尴尬的反复摇摆的状态。

二是面对住房环境方面的限制，低保家庭想改变，但是面对高昂的房价就开始犹犹豫豫，开始退缩，没有一个明确的改变预期。

被访者黄先生，原本的居室很小，文化程度低收入也不高，妻子两年前因肺癌去世，孩子读高一，住房条件差。随着女儿的长大，父女俩居住在一室一厅的房子里越来越不方便。每当想到这点以后，就想快点找到一份好点的工作能够改善家里的住房环境。但他后来又想了想，靠自己根本买不了房子，不仅因为现在高昂的房价，而且房子的各种费用也不是他们能承受得了的，想着想着又开始泄气了，所以一直到现在都没有好好地找一份工作，他也很苦恼。每当看到孩子对于有一间自己房间的渴望时，他又开始觉得自己很没用。（案例KJ－49－H）黄先生对于自己的住房环境表示出了改变的预期，但是由于现在高昂的物价与房价，黄先生又开始彷徨失措。他内心是很想提供给女儿一个自己的小房间，来满足女儿在学习环境方面的需求，但是碍于现实的阻碍，又打算放弃这个念头，反复摇摆，无法采取行动。

第五节　三维世界中的生存图像和策略：路径依赖与行动约束

一、生存策略

低保家庭在日常世界、实践世界、想象世界中不断地探索，虽然他们对未来有很多的想法与憧憬，但是生活还得继续下去，他们在现实生活中必须找到让他们生存下去的方法，于是在实践中他们也就生成了自己的生存策略。

第一，低保家庭中的家庭成员迫于生存压力，有些人就到外面去打工来贴补家用。但是他们的工作都是没有长期合同来支持的，甚至没有签订合同，十分不稳定。

第二，低保家庭以家庭内团结和代际间的相互支持的生活方式来抵御贫困。

小陈读书时就是比较贪玩的孩子，朋友多为社会上的不良少年，没有好的伙伴，学习很差。从小母亲就溺爱孩子，父亲由于患精神疾病而无法教育他。

2004 年，他患上糖尿病后更加自暴自弃，不注意身体导致严重休克，被亲属送至医院好不容易才救活过来。亲属垫付了医药费，此后并发症导致其右眼白内障，视力很差，虽经过手术但已难恢复，加上不爱惜自己的身体，医生说他的身体状况和中年人一样。其亲属对他们家起初比较关心，但小陈从不知道悔改，仍不注意饮食禁忌。他对父亲的态度很差，吵架起来会把家里的东西都砸烂，亲属多次帮其修补，不久之后又会砸烂，久而久之，亲属对其的关心和帮助便不再如从前。2005 年，小陈的姑妈帮其申请低保通过后一直享受至今。为了能够享受到低保，小陈不愿意工作，因为父母有一定的收入，如果他去参加工作，就不会被纳入低保受助对象。因此他每天都以打麻将来度日，母亲对其听之任之。（案例 KJ－43－C）小陈由于从小就没有一个良好的生活环境加上患病后开始自暴自弃，就把生存的希望都寄托在亲属身上，连申请低保都要靠自己的亲属，完全对生活丧失了热情，而且为了享受低保，这么年轻的孩子就整天靠麻将度日。他的生存策略就是亲属的帮助和政府政策的帮助，产生了一种强烈的依赖感，一点都不想通过自己的努力改善自己的生活。

多数低保家庭都将生存希望寄托在孩子身上。卢女士，1960 年出生，丧偶，家庭妇女，儿子即将大学毕业。“苦了一辈子，终于过上好日子了。我那时候十七八岁就参加工作了，25 岁结的婚，婚后生下了一个儿子，就这样平平淡淡地生活。我儿子小的时候身体不好也一直要看病，因此呢也花掉了一些钱，在外面也借了一点钱。但是我和我的老公都很节俭，老公人也勤奋，所以很快还清了债务，我们的生活虽然苦，但是也还算比较幸福。可是当我儿子初中毕业的时候，1999 年丈夫突然出了交通意外去世了，我觉得自己的人生好像一下子失去了重心。在 2000 年的时候，居委帮助办理了低保，孩子的生活费得以解决，同时我也上上班，赚点钱，再靠着他父亲的赔偿金让儿子念完了大学。现在儿子已经实习了，就快要毕业了，呵呵。”卢女士坚信自己的生活会随社会发展和儿子的成家立业而不断上升的。（案例 KJ－35－L）卢女士的生存策略就是通过孩子念完大学，找到工作，自己的生活就会不断提升来体现的。案例中卢女士的孩子还算孝顺，但是这种单一的生存策略并不是低保家庭摆脱贫困的唯一捷径，只有通过自己的努力，慢慢地提升家庭的发展，这才是解决真正核心问题的关键。

二、路径依赖

在有些低保家庭中，福利依赖是一种常见的现象，它包含了有些低保家庭的成员是有工作能力的，但是却仍然享受低保补贴，不积极寻找工作，以及不愿意寻找工作这三个方面。他们依赖于政府和国家提供的各种福利补贴。

其一，有些人好逸恶劳或认为失业后找到的工作不够体面而不愿意“丢面子”，宁愿靠低保生活（段小林，2008）。受访者小吴，30 岁，至今未婚，初中文化程度。初中毕业后一直赋闲在家，自身懒惰成性，不愿意找工作，整天无所事事，闲散度日。父母对其失望至极。父亲已退休，退休金只有 300 元每月，母亲是厕所的看守，收入也只有 600 元，艰难度日。小吴不愿意找工作，认为吃低保“蛮好的”，工作太累，又要被人家呼来喝去，而且从未工作过，不敢尝试，“就这样过一天算一天吧。”（案例 KJ－37－W）

其二，有些家庭在不工作的情况下，获得的低保金，接近甚至高于外出工作的工资，这些人就宁愿选择不工作而依赖低保（段小林，2008）。受访者小舒，26 岁，中专学历，父母下岗后一直没有工作，靠低保过日子。孩子文化程度不高但对工作要求高，不肯做辛苦的工作：“我也不想一直赖在家里，但是像我说真的出去还能找一些什么工作呢，要不就是保安，要不就是买卖自己的劳动力。现在这样的工作收入真的很低，像所属于街道的夜间社区巡逻队，做一休一，日夜颠倒，拼死拼活地做才 1000 元工资每日，而且什么福利也没有。这样日夜颠倒地工作到退休可能还会落下很多疾病，想想真不合算，工资太低了，所以我不想再做了。我还不如就吃吃低保，还乐个清闲，政府还有很多的福利提供。我如果工作了就没有这么多福利了呀，我又不傻，找不到我心仪的工作那就继续吃低保也蛮好。”（案例 KJ－42－S）

三、行动约束

低保家庭在积极改变低保状况的过程中面临着许多的行动约束，政府的救助多数趋向于结构化与制度化，存在一刀切的现象，没有根据不同家庭的不同需求作出适时的调整，这就造成了低保家庭面临的困境。而且随着现在物价的不停上涨，政府对于低保家庭的资金方面的支持也不是很到位，面对重大疾病灾难时刻的低保家庭，政府给予的支持也解决不了所有问题。低保有时候还不能足额地发放，造成低保家庭的困境。谢女士在2003到2007年这五年时间里，不断连续身陷一件又一件的突发性事件：2003年她的老伴因为心梗而住院；2004年她的独子外出途中又遭遇交通事故身亡，并无法确认肇事人而获得赔偿，却留下了1对未成年的龙凤胎孙子和孙女；2005年她自己又查出了乳腺癌，好在是良性并不是恶性的；2006年她家儿媳妇离家出走，至今都未取得联系；2007年寻求连带责任的交通补偿起诉败诉。2008年，她在社区居委的协助之下，办理了低保手续。但是，有限的低保金在这些一连串的重大打击事件面前显得非常微薄，对生活的帮助也非常有限。尽管街道还时而发放一些补助金，她认为这些都是临时性救急之用，并无法让她们家摆脱贫困。这种困境只能慢慢熬了，希望孙子和孙女将来有出息。这两个孩子虽然贪玩但还算懂事，单学习成绩也都良好，最大的愿望就是他们能考上好的大学，将来可以照顾奶奶（案例KJ－31－X）。两个孩子虽然贪玩但还算懂事，学习成绩良好，谢女士最大的愿望就是考上好的大学，将来可以照顾奶奶。

对于有孩子的家庭，很多家庭在度过了9年制义务教育后，要负担高昂的学费。面对高昂的学费，有些低保家庭无法继续负担，这就出现了低保家庭子女放弃学习的现象，这对孩子来说是十分不公平的。受访者徐先生和妻子都是下岗工人，由于工作技能和年龄的限制下岗后一直找不到工作，居委介绍的也只是收入很低的保洁等工作，维持不了家里的开销。孩子初三了，比较懂事，“说起孩子读书的问题，真的觉得很对不起自己的女儿，现在如果要读好一点的学校都要靠缴纳一定的赞助费才能进去，而我们家没有这个条件，只能让孩子就近分配进入了中学。虽然教育质量一般，但是这么多年来孩子一直很努力，现在还剩下一年孩子就要中考了，但是目前懂事的女儿说她想放弃读高中，去选择一个比较好的中专，读完早点出来找一份工作。”（案例KJ－29－X）

政府对于低保家庭开展的就业培训班目前还存在着收费的现象，这对于本来就十分拮据的低保家庭来说无疑是雪上加霜，根本不能帮助低保家庭解决就业的问题，而且小区提供的就业渠道也偏窄，没有一个定向的培训支持，低保家庭在就业方面还是存在很大的约束。张某，男，54岁，在某国有企业当技术工，是家里的主要经济来源。90年代中后期，因国有企业改革，导致他不得已下岗失业。家里有一个残障小孩，妻子因为要照顾家庭，便无法寻找工作，于是家庭的负担越来越重。他刚下岗赋闲在家时，心理落差很大，很沮丧无助，也很焦躁，生活一下子没有了着落。虽然政府有发放下岗津贴和失业救济，但这远远不够日常开销，并且有时候不能足额发放。现在物价上涨得这么快，这么一点钱根本生活不了，要是低保金连带着买东西也有优惠政策就好了。后来也积极出去找工作，但再就业过程中困难重重。申领低保后，勉强度日。后来他又参加了居委会举办的就业培训，但是要交费，他没钱就只能放弃。最后经人介绍，他找到了一份在学校里帮人家看自行车的工作，随之要取消低保资格，一家三口的生活还是很紧张。现在物价水平上涨，加上通货膨胀，衣食住行的开销和小孩的特殊照顾负担沉重，使得家庭陷入贫困，无力改变。（案例KJ－39－Z）

第六节　美好生活之梦如何成真？社会工作的家庭干预、心理支持与个性化服务

政府目前采取的救助模式一直是被动的、即时的、事后补救的救助政策，低保家庭被动地接受，忽略了低保家庭真正需要的东西。低保家庭都希望有一个美好的生活，摆脱目前的生活窘境，但是这种美好的生活之梦如何成真呢？怎么样才能让这种梦变成现实呢？这就是我们接下来要讨论的问题，利用社会工作的力量来进行家庭干预，心理支持与个性化服务。

一、家庭干预

低保家庭中的亲子关系与婚姻关系一直是一个很大的问题，其主要产生的原因是：（1）经济困难会给贫困家庭初中生的父母带来压力，并影响他们的情

绪和婚姻质量，继而影响父母的亲子方式，破坏他们教养子女的成效，而父母与子女的关系也因而受到影响，导致亲子关系恶劣（曾伟，2012）；（2）经济压力导致父母心理健康欠佳，继而在亲子方面采取较负面的方法，不管不问或者任其发展（丁伟，2012）；（3）低保家庭的父母大多受教育水平较低，或者家庭成员身体健康状况不好，不能和文化水平已经达到一定程度的子女进行有效的满意的沟通（杨静，2013）；（4）其实无法与家长沟通是现在青少年普遍存在的一个问题，这与中国人的含蓄是密不可分的。许多时候家长与孩子之间的沟通出现短路，都是由于有些难以启齿的话无法和家长一起分享（杨静，2013）。低保家庭的婚姻状况也十分令人担忧，因为低保家庭的现状婚姻关系很不稳定，多数家庭都伴随着争吵，这不仅对夫妻双方来说是不利的，对于孩子的成长也是有害的。这时候就需要专业的社会人员深入到这些需要帮助的家庭中进行按需帮助，根据他们的需要进行干预，并且提供心理辅导，帮助他们在心理上重建信心，这样才能慢慢地来改善家庭生活。如果一个家庭不幸福，也不团结，是不可能齐心协力地想办法改变目前现状的。

二、心理支持

心理支持的目的与意义在于重建服务对象的自信心。心理支持可以促进服务对象和家人之间的互动，带领服务对象重建自信，肯定服务对象对于家庭的责任以及其在家庭中所扮演的角色，鼓励服务对象提升在家庭互动中的积极性。心理支持，这一鼓励和肯定服务对象的努力，能增加服务对象自我肯定感和提升服务对象的自信心（染俊忠，2013）。

通过专业的社工人员的介入，在方式方法上面，社会工作者既可以通过针对个体的生存情况，进行直接助人；也可以针对环境，通过参与社会政策的制定或剖析相关的社会政策，加强文化关怀与舆论宣传，弥合低保群体的亚文化意识，使该群体的亚文化与主流文化进行对接，从而做到间接助人。

由于缺乏与家长的沟通，对于低保家庭中的子女形成的内向或者不想面对低保生活自暴自弃的现象，我们要实施有效的心理支持，帮助低保家庭的孩子们正确地认识自己。使他们了解到“低保”并不是他们的错，也不是一辈子的烙印，他们和其他的孩子一样可以拥有学习和社交的权利，他们与其他家庭的孩子都是平等的，并且告诉他们，只要自己努力，也是可以摆脱这一困境的。

针对低保家庭子女来说，在教育方面，可对贫困家庭的中小学生提供专项教育补助费，并且为贫困家庭提供订阅报刊、购买书籍费，提供计算机学习和上网机会等（尹志刚、洪小良，2007）。可以开展相关的活动，招募一些低保家庭的孩子，组织他们去参观一些展览，观看音乐会等。并且定时地帮助他们辅导课程，注重培养子女的兴趣爱好，燃起他们对生活的信心，建立他们与外界的联系，有效地搭起一座沟通的桥梁，让他们在教育交往方面可以健康成长，缩小他们与其他孩子之间的差距。

三、个性化服务

对于就业困难的低保家庭来说，我们要针对这个问题，提供个性化服务，以社区为基础开展支持性免费就业项目，核心内容主要有两点，一是基于劳动力的支持性项目。由于绝大多数城市低保对象只有弱就业能力，有目的性地开发一些基于劳动力的支持性就业项目显得尤为紧要（张时飞，2004）。这些项目的目标在于增强他们对生活的自控能力，进而建立被贫困摧毁的尊严感。简而言之，为城市低保对象提供工作机会是为了改善本人及家庭福利。二是就业支持性项目应以社区为基础。与其他就业人群相比，城市低保对象再就业有其特有的困难和障碍，如技能水平低，健康状况差，家庭需要照顾的成员多，无法承受工作期间的交通费用和难以利用职业训练将其技能转化为可以转业的技能等。而让他们在社区内就业有助于缓解上述问题。这是因为，在家门口工作不仅能大幅减少城市低保对象的就业成本，方便他们照料需要护理的家人，更为重要的是，社区就业能配合城市低保对象的自身素质。因为社区岗位（如社区保安、保洁、保绿等）对从业人员的年龄、文化程度和职业技能的要求相对较低，经过短期的职业培训可以很快达到上岗要求（张时飞，2005）。所以，就此而言，社区是城市低保家庭工作机会的重要来源和就业形式的拓展平台。

第七节 结语与展望

本章首先通过对以往研究文献的阅读，了解到一些低保家庭生活的资料，并且从这些文献中了解到低保家庭家庭生活存在的一些问题，通过对以往文献的阅读，本章选定了研究问题，研究低保家庭的自我反思与改变预期，通过他们的亲身经验来研究低保家庭一直摆脱不了贫困的根本原因。

在研究中，我们通过深度访谈来探索低保家庭的内心世界以及现实处境，通过这些方面的资料收集、整理以及分析，我们得出以下观点：其一，低保家庭由于其家庭性质的特殊性，每个家庭都在生活的某些方面存在他们解决不了的问题，而政府也没有给予个别化的帮助，而是采取一刀切的办法，这样就导致问题越来越严重，以至于他们一直摆脱不了贫困的泥沼。其二，由于社会位置处于底层，低保家庭有其独特的价值认同，他们比较安于现状，缺少与邻里之间的沟通。缺少拼搏的精神，并且存在价值认同与社会主流价值认同的差异。其三，低保家庭的成就动机低下，加上生活态度以及自身能力的缺失，他们就业意愿低下，过分依赖低保过日子。其四，大多数低保家庭把希望寄托在孩子的身上，但是低保家庭的子女在教育上也是十分匮乏的，政府没有提供相应的教育帮助和资金帮助，所以导致低保家庭的子女教育也存在很大的问题。由于这些原因，低保家庭无法脱离贫困，造成了贫困的循环。

对此，我们给予一些帮助低保家庭脱离贫困的建议，包括对低保家庭进行认知上的重构，以帮助低保家庭树立正确的就业思想；开展免费就业培训班，通过社区的帮助和政府的帮助慢慢提升低保家庭的能力，以帮助他们提高在社会中的竞争力；拓展低保家庭的人际关系网，以帮助他们获得更多的有利于自己发展的信息以及机会。由于研究的是低保家庭的家庭生活、自我反思和改变预期，文中运用了大量的个案访谈的案例，让低保家庭通过自述的方法来帮助我们了解低保家庭的需求和约束，给予积极有效的意见，在今后的研究中还可以加强这方面的工作。

第五章

就业状况、类型特征及逻辑三角：城市低保家庭就业促进之难的解构

随着我国经济结构的转型，大规模城市职工下岗失业。大量下岗失业人员被迫退出劳动力市场，与之并生的城市贫困现象同时也日益加剧。当前我国城市贫困人口的基数不仅庞大，而且呈扩大之势。究其实质，尤以贫困家庭的再就业问题难以克服。本章以上海市50户低保家庭为例，运用质性研究以及叙说分析的方法去解构城市贫困家庭就业促进之难的吊诡处境。本章指出低保家庭的就业困境和工作陷阱中的信息、技能和岗位的缺乏是一种表象。当前低保家庭的就业状况呈现出依赖性—间断性—非正规—零性的周期性特征。其深层次的根源，在于低保家庭可行能力的不足。本章指出低保家庭难以就业的逻辑在于劳动力市场、就业促进制度、个体技能与信息逻辑三角中，任意一角的缺乏或不对等。如何破解这一逻辑，可行能力、社会企业和制度完善无疑成为探寻建议的立足点。

第一节　问题、回顾与路径

一、研究问题与文献回顾

自20世纪90年代以来，随着我国经济结构的转型，产业结构逐步调整，随之而来的是大规模城市职工的下岗失业，大量下岗失业人员被迫退出劳动力市场。与之并生的城市贫困现象日益加剧。上海市在1993年5月率先建立最低

生活保障制度，并通过不断完善低保制度发展延续至今。近20年来，随着城市经济的快速发展和城市居民生活水平的提高，一方面城市贫困问题得到相对的改善，另一方面却遭受着转型之痛。

城市贫困的基数不仅庞大，并且在初期呈扩大之势后已处于一个相对稳定的水平。其中，我们可以发现，贫困家庭在获得基本生活保障之后，并没有脱离贫困。究其原因，贫困家庭之所以持续贫困乃至循环的因素尤以失业问题首当其冲。尽管低保的救助对象范围在特定时期出现扩大，救助标准也跟随着市场的变化而不断调整和适应。但是在物价大幅上涨的背景之下，促进低保家庭就业不但能解决低保家庭的抗通胀能力问题，同时也对于城市社会保障体系的完善和社保资金的良性运作具有重大意义。

从2010年12月27日召开的全国民政工作会议了解到，2010年民政部门扎实推进各项工作，社会救助体系更加健全。截至2010年11月，城市低保保障对象2307.8万人，农村低保保障对象5179.6万人，总计7487.4万人。中央财政共投入城乡低保、医疗救助资金744.2亿元，比上年增加123亿元（民政部，2011）。政府可谓投入了大量资金，低保制度的实施可以说在一定程度上缓解了城市贫困问题，但只是停留在短期内解决问题的层面，减缓了这种贫困矛盾的增长速度，却无法有效地抑制和消除贫困。若真正解决贫困家庭的实际问题，从根本意义缓解贫困，首先当从国内外既富有传统而又饱含生命力常新的就业入手。作为一个世界无法化解的难题，我国似乎并没有逃脱所谓的福利效应和工作陷阱。鉴于此，本书从当前我国的低保家庭入手，结合其就业状况和类型特征，运用深入的口述生活史资料，通过质性的叙说分析，解构就业促进之难的论题。

对于贫困相关问题的研究，从英国学者布斯和朗特里着手研究工业化社会的贫困问题算起，对贫困的认识在理论上已经历了100多年的历史。曹扶生通过对国外城市贫困研究的理论综述，指出了现行的缺乏、能力和生存的三个理解观点，大致的研究视角分为以下三个层次（曹扶生、武前波，2008）。

首先为缺乏之说的贫困定义。其狭义概念主要从经济水平、生活状态、收入情况的角度来说明。如雷诺兹（Reynolds）认为，所谓贫困问题，是指许多家庭没有足够的收入可以使之有起码的生活水平。而广义概念不仅涉及了物质生活的缺乏，还涵盖了社交、情感的匮乏。英国学者奥本海默（Oppenheim）就是这样下定义的："贫困是指物质上的、社会上的和情感上的匮乏。它意味着在食物、保暖和衣着方面的开支要少于平均水平"（Reynolds，1993；Oppenheim，1993；汤森，1979；莫泰基，1993；林万亿，1994）。

其次是机会和能力之说的贫困定义。对贫困进行定义除了描述贫困的基本特征，同时也将机会和能力的不足纳入考察、定义的范围之内。"机会缺乏"理论力图从探究"缺乏"现象的内在原因的角度给贫困下定义。"能力缺乏"理论则从贫困者自身内在的因素来解读贫困，如世界银行把传统的基于收入的贫困定义进行了扩充，加入了能力因素，认为贫困是"缺少达到最低生活水平的能力"（Sen，1976；奥本海默，1993；洪朝辉，2003；蔡昉，2003）。

最后是生存之说的贫困定义。对贫困定义的第三个层次，则是通过对贫困者的整个生存状态的描述（包括自然、生理、经济、社会和文化等状态）来界定贫困。从对贫困概念认识的深化过程中，我们可以抽象出贫困内涵的几点共同规定性：贫困作为一种社会上客观存在的生活状况，是与"落后"或"困难"联系在一起的，它不仅指贫困者的全部收入难以维持基本生存的需求，而且还包括"经济、社会、文化"乃至"肉体和精神"的各个方面（孙建忠，1995；阿尔柯克，1993；阿特金森，1993；阿尔泽，2000）。贫困作为一种社会上普遍公认的社会评价，这种评价是基于"最低"或低于"最起码"的生活水准的。

贫困作为一种由社会政策或环境造成的社会后果，直接与"缺乏"有关，其表象为"低收入"和缺乏"物质和服务"，而实质是缺乏"手段""能力"以及"机会"（曹扶生、武前波，2008）。

而从近些年国内关于城市贫困家庭就业促进的相关研究来看，主要是以福利依赖、低保制度的完善这个维度加以讨论的（彭宅文、丁怡，2009；袁嫣，2007；王宁，姜凡，2007；陆铭、田士超，2008；任丹，2009）。福利依赖指的是由于有最低生活保障制度这一张最后的安全网，低保享受者不愿意积极地寻找机会自食其力，而宁愿保持低水平的生活状态。因此，福利依赖是一种综合的现象，它包含“状态”（享受低保并有劳动能力）、“行为”（没有积极寻找工作）和“意向”（不愿意积极寻找工作）三个方面（李棉管，2008）。国内的一些研究认为产生低保制度中的福利依赖现象有两个原因，其一是内在主观原因：有些人好逸恶劳或认为失业后找到的工作不够体面而不愿意“丢面子”，宁愿靠低保生活。其二是外在客观原因：贫困陷阱和福利扩张等因素（段小林，2008）。一是因采用补差式救助，这种方式由于贫困高原的存在，易产生贫困陷阱，造成人们在不工作的情况下，获得的低保金，收入接近甚至高于外出工作的工资，这些人就宁愿选择不工作而依赖低保。二是因政府要求各地要努力实现“应保尽保”目标，该目标易被泛化或扩大化，基层社区可能将社区贫困居民扩大化，造成“箩筐效应”和“气球效应”。其中“箩筐效应”是指将不符合低保救助条件，在其存在一定的困难时就将其纳入低保中，造成低保人数增加（段小林，2008）。

二、研究方法与研究路径

本研究侧重纵向研究的技术，所收集资料主要来自2008—2011年对50户低保家庭的追踪式的深入访谈。在深入访谈中，我们采取了口述史的策略，从而能够获取整个家庭在贫困历程中的动态资料。其中，50户访谈对象主要由根据所调查居委会提供的代表性家庭以及我们在问卷调查中选择并建立追踪研究关系的典型性家庭共同组成。在资料的分析中，我们注重质性研究的技术，采取叙说分析的策略，在事件－过程中去解读和阐释所获得的动态记录资料。

主要针对目前我国城市低保家庭中就业难以促进的困境，采用以访谈、口述史为主要方法、个案研究为载体的实践社会学分析。从质性分析的过程中动态地了解城市低保家庭的情况，讨论贫困与就业促进的关系。了解低保家庭就业促进中的种种困境，发现低保家庭就业促进的固有“病症”机理。牢牢抓住主要问题，揭示城市低保家庭走入“就业陷阱”的逻辑，找到就业促进运作的困境。并在深入实地开展个案访谈的基础上探讨贫困家庭就业制度机理、文化背景、历史根源等影响因素，以及评估现有低保家庭就业促进的政策效果。然后结合社会政策和社会资源的创新视角探寻促进城市低保家庭就业的更新策略，尝试探索反贫困社会政策模式的转向以及机制创新的嵌入，找到有效遏制贫困再生产的基本思路，为解决城市贫困问题提供有效建议和方法。

本章采用事件－过程的实践社会学分析，是基于这样一种假设，即社会事实是动态的、流动的。因此，把就业促进作为一个动态的过程。以低保家庭的就业现状作为逻辑起点，分析低保家庭就业促进的特性问题。更客观地了解低保家庭贫困的生活环境状态、社会交往和社会参与情况，发现低保家庭就业促进的问题和机制，也有助于我们更真实地评估低保制度的政策效果。

从50户个案的口述史出发，通过访谈法收集低保家庭的各种资料，并以研究者自身的反思性立场，克服研究者的既成偏见和先入为主的观念（pre－conception），正确认识和把握就业促进与摆脱贫困之间的关系，揭示贫困的特性以及致贫的原因，力求更接近于现象的真实形态。从实践社会学的视角（孙立平，2002）来考察城市低保家庭就业促进困局的形态与逻辑。同时，分析、提炼个案访谈资料的意涵并梳理、归纳我们通过参与观察所获得的一些表象判断。本章的研究对象是50户正享受城市居民最低生活保障制度救助且具有劳动能力的相对贫困①城市居民家庭。这些家庭的详细名单由街道社保中心提供。这些家庭都在现居住地居住年限较长，长期处于贫困状态，并且家庭成员中有劳动力存在。研究采用个案访谈形式进入情境进行访谈工作，收集各种有关低保家庭就业促进的资料和内容并进行深入研究。以下引用访谈对话资料中的括号内容，依次是访谈对象的姓名（或代号），性别（M男，F女），年龄，访谈区县（XH徐汇、LW卢湾、PT普陀、JA静安、MH闵行、PD浦东）作为标识表示。

① 相对贫困系指把任何社会成员中一定比例的人口看作是贫困的，具体指那些在一定社会经济发展水平下，收入虽能达到或维持基本生存的需要，但相比较仍处于较低生活水准的人群。当代西方社会的城市贫困现象，更多地表现为一种“富裕中的贫困”，即相对贫困。

第二节　低保家庭的就业促进：状况、类型与评估

一、低保家庭的就业现状

从20世纪90年代中期开始，中国开始对亏损国有企业进行大幅改组，直接导致了几千万城市职工下岗。1994年（在该年达到高峰）至2006年间，国有企业和城市集体企业的就业人数从1.45亿下降到7200万，减少了7300万人（世界银行，2009）。城市劳动力市场重组以及打破铁饭碗体制导致了失业增加、劳动力参与率下降（图5－1）。虽然失业率在2003年达到峰值后开始下降，但仍然高于20世纪90年代中期时的水平。劳动力参与率自1999年至2003年间下降了10个百分点，远远低于20世纪90年代中期时的水平（世界银行，2009）。由于这一下降是由经济重组带来的，很多退出劳动力市场的劳动力属于怯志失业者①，没有包含在官方统计的失业人数中。从以下的图中我们可以看出城市的相对贫困更多地与家庭成员的工作状态相关（世界银行，2009）。而上海作为20世纪80年代以来国有企业改革最为彻底和深刻的城市之一，城市低保家庭的就业状况对于家庭的生活状况有着极大的反馈意义。而这一点也在以下的访谈摘录中得以具体地体现。

---

① 怯志失业者系指想工作而未找工作且随时可以开始工作者中，于过去一年曾找过工作，但因认为无工作机会，或本身资历限制无法找到合适工作机会而放弃找寻工作者。

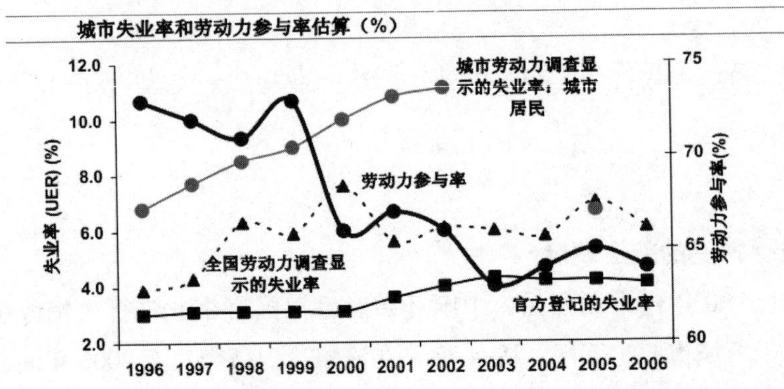

图5-1 资料来源：世界银行：《从贫困地区到贫困人群：中国扶贫议程的演进中国贫困和不平等问题评估》，2009

“我现在W小区做保安啊。小孩在读大学要钱的。老婆身体不大好。没办法，老早厂里面上班，厂关门了，除了做保安还能做啥？”（WSG，M，55，PT）“阿拉这代人是被社会抛弃的一代人，小时候没读书，后来工厂学徒工厂关门。现在苦啊。没文化也没啥技术，所以在这里买卖火车票瞎混混。”（XY，M，50，XH）“小朋友侬不知道，现在工作难做啊，连拿大学生也难找工作，阿拉协保工人更难找了。算了，小孩也出道了，不工作了就天天玩玩（打麻将）。”（GM，F，46，XH）

从我们与案主的聊天中很清晰地了解到，这些城市低保家庭的现状令人担忧。这尤其体现在年龄跨度在45岁以上的人群。这个年龄段的群体正是受到上世纪90年代开始的国有企业改革的巨大冲击的一代人。年轻时由于当时社会的原因缺乏相应的知识和技能，在中年本应是事业蒸蒸日上的时间段，但由于国企改革造成大量企业关门，大量工人在没有任何保障保护的措施下被抛向了社会，造成了这代人的中年危机，以及家庭的贫困。虽然在随后的若干年里，国家出台了相关措施和政策帮助这些城市失业人员再就业，但在整个劳动力市场上两大主导力量（大学生群体和农民工群体）的冲击下，这部分群体没有竞争力，同样没有任何选择权。没有大学生的文化，和农民工比要价高还没农民工能干活，这群人处在一个非常令人窘迫的境地。在与他们的对话中不难感觉到那种被时代抛弃的感觉，即所谓的怯志工作者。而我们也不得不承认，他们确实是为社会的发展牺牲的一群人。他们这群人的致贫特点有很强的统一性，也有极大的普遍性。尤其上海作为一个老工业城市，这些贫困家庭极有代表意义。

而与之相对应的是在访谈中我们也看到了一些年轻人的身影。在与他们的访谈中，也让我们了解到了新的时代背景下新的一代人的想法，同时也了解到了新的一代人对就业的看法。

“嗯，现在反正大学刚刚毕业，工作也不是很好找。家里也没什么关系。反正不管什么工作先做起来。分担一下家里的负担吧。”（PW，F，23，LW）“现在不想工作，反正干活就这点钱，累得要死还要被老板骂，不高兴［问：那你就天天打游戏?］你不知道，你以为天天想打啊，我也很苦闷的。人总要发泄的。找工作不急的。”（LY，M，19，MH）“现在嘛就这样干下去，干我们这个服务员也没意思的，没钱，什么都没有，有点不想干了。想找一份其他的工作。”（LG，M，20，XH）

从两个低保家庭的个案访谈中，我们不难看出两代人对于就业的不同看法和理解。对于上一代的人而言，上有老下有小担负家里的生活开支和生存压力，所以他们的工作目的很单纯即养家糊口。而如今的年轻人在选择工作时并不是以养家糊口作为第一选项。这在访谈中多次出现，虽然有非常体谅家庭的孩子，但总体择业以自我感觉和价值判断出发，这点非常的突出和明显。虽然不同年龄段的人群对于择业的视角不同，但家庭成员的正常就业状况对于低保家庭的生活现状的联系确实相当紧密的。

二、低保家庭的就业类型

通过访谈我们发现，在我们所采访的50户低保家庭样本中，家庭成员全部适时就业的不足10%。绝大部分的家庭都处于间歇性的、不稳定性的工作状态。家庭成员中只有一到两人工作，这个比例占到了总体的50%。还有剩余40%的家庭，基本上处于非就业状态。甚至有15%的低保家庭中没有人就业。

在进行访谈之前，通过整理和搜集资料我们掌握到了中国城市现如今的正规就业和非正规就业的宏观情况。我们了解到，伴随着大城市中国有部门精简的直接后果是劳动力市场的多元化，这表现为20世纪90年代中期以后非国有部门就业比例的提高。增长最快的部分是那些没有登记的“其他”劳动者——注册企业的未统计员工、非注册非正式企业的员工以及未记录的城市农民工。这类劳动者数量的急剧增加，已经占城市总就业人数的一半，表明近年来城市非正规就业数量显著扩大（图5-2）。中国劳动力市场的非正规化以及就业的多样化无疑有助于创造就业机会、促进劳动力的市场化配置，但同时因为非正规就业通常没有签订劳动合同，而且具有隐蔽性，使城市就业者面临了新的不稳定因素。这导致执行劳动保护法规以确保工人有安全的工作环境并得到公平对待变得更加困难；同时，建立覆盖大多数人口的社会保障体系，并为该体系筹措足够的资金，也变得更加困难（世界银行，2009）。

中国城市本地居民非正规就业所占的比例，2002年

按部门分类		16-24	57.2	小学及以下	78.4
国有和集体	22.9	25-34	44.6	初中	62.6
其他	56.3	35-44	42.2	高中	48.6
按性别分：		45-54	42.2	中专	35.9
男	42.2	55-64	55.6	大专	24.6
女	49.5	>65	83.9	大学及以上	14.8

图5-2 资料来源：世界银行：《从贫困地区到贫困人群：中国扶贫议程的演进》中国贫困和不平等问题评估报告，2009

而在我们的访谈中也发现低保家庭的非正规就业或者零就业的状况，并且就业的情况直接影响到低保家庭的实际生活和脱贫进程。

“平时就做做临活，帮帮人家的忙。反正到处干。[问：有没有劳动合同?]做临时工哪来的劳动合同，一次一结的。活多就多干点。[问：那以后养老怎么办呢?] 现在都活不好哪有时间想以后，走一步看一步。希望以后子女有出息。要不就要一直干到死了。”（ZF，F，55，PT）“现在就在家炒炒股票。[问：是否想过上班?] 上班赚一点点钱没有做股票好，做股票也是一种职业都是赚钱。我现在蛮稳定的。[问：股市波动很厉害，风险应该很大?] 这个是看本事吃饭

的，有输有赢也很正常。我做了七八年了，老股民了，我也不靠股票发财。就吃口饭，我觉得没啥问题。”（ZKJ，M，43，PD）“现在就做临时工，随时叫你滚蛋的。没你们大学生的知识，也没啥技术。人家老板随便你爱干不干。外面人多的是，就吃口饭。”（LHZ，M，50，MH）“天天就打打麻将，也没啥事情可做的。工作么，一开始生病，现在好了，也习惯现在这样的生活了。老公父母也不希望我工作，钱不多吃口饭。听说这里要拆迁希望能够拆掉。那就发财了。”（DMJ，F，38，PD）“也不是没找过，都觉得工作不是很合适。所以就多换换环境看看。[问：听你妈说你上一个工作还是蛮好的呀?] 哦，太远了，来回三个半小时。平时天天没事干的就坐那里，太没劲了，工资也不高，不是很高兴再干了。[问：那你有啥打算?] 我觉得开网店应该蛮好的，准备开个网店卖卖东西。这样在家里就能赚钱蛮好的。[问：那你知道网店怎么运作了咯?] 这个应该不难吧。”（HY，M，25，LW）

从访谈中，通过我们的样本发现，低保家庭的就业类型绝大部分以非正规就业为主，就如同图 5－2 所示的那样，随着学历水平的向下以及年龄向上，非正规就业的比例在增加。现在通过与街道就业办的老师的交流，发现在低保家庭中的适龄劳动的非正规就业比例也在增长。这部分人群主要以年轻人为主体。他们的共同特点是无法找到令他们“满意”的工作，无法长时间干一份工作。他们更愿意选择通过网络、股票等更自由的非常规方式作为收入来源。如果这些方式出现问题那就处于啃老待业状态，极其依赖外界的力量帮助，缺乏主观能动性。与之相对的是中年及以上的人群，由于受到家庭和社会的双重压力，他们就业并不择业。但年龄体力以及知识技能的缺乏使其在劳动力市场举步维艰。虽然工作可以找到，但只能保证温饱和基本的工作保障，至于脱贫、体面的工作、有尊严的生活等，只是美好的假设而已，无法通过我们的就业促进实现。因此，在这个群体中的许多人不愿意从事常规的工作，他们更愿意从事非正规性的工作，虽然工作可能不稳定或者有其他不好的因素，例如缺乏劳动合同，缺乏劳动保护，缺乏稳定收益。但确确实实可以带来相对的较多的实际收益。对于低保家庭来讲，这也是他们选择非正规就业的重要原因之一。而在访谈过程中我们发现，那些吃低保天天无所事事，或者啃老的也是大有人在。因此对于低保家庭的就业类型是以非正规就业为主，低保家庭就业的依赖性较强，稳定性差，周期短，难以通过这些工作摆脱贫困。而低保家庭中的啃老现象，福利依赖也依旧严重，并有向低年龄靠近的趋势。

三、低保家庭的就业评估

在访谈中我们与案主聊就业、聊生活的同时，对于他们现阶段的就业状况让案主自己作一个评价。从访谈的整体统计来看，大部分低保家庭失业者的第一感觉是工作温饱没有问题，但就业根本让他们看不到希望或者不符合自己的生活价值观，因而他们现在放弃就业。以下是访谈中有代表性特点的案主的记录摘要。

“现在反正是就随便做做吧，总归有饭吃。政府不会不给老百姓饭吃的。”（XM，M，48，XH）“过段时间再找吧，不急的。现在想休息一下，这些推荐的工作我觉得和自己不是很合适。我想再等等再找一个。”（DL，M，24，PD）“不想干活，这么长时间下来了（下岗）那时也活下来了。现在活得蛮好的。就算我想干一是做不动了，二是也没什么单位要我们啊。大学生都找不到工作。”（GM，F，46，XH）“你问我现在就业的情况啊，哪能讲呢，就是饿不死做点小生意混口饭。啥人不想过好日子啊。[问：那为啥不去街道推荐的工作呢?] 呵呵，小朋友侬不知道，那个工作哪能做。工作吃力而且钱很少的。一家人吃饭都吃力。现在低保加上做小生意摆摊的钱，一个月不说过得好至少不生病吃吃饭没问题，还有点零花。你觉得我会去街道那里干吗?”（XZQ，F，46，MH）

通过对低保家庭的访谈、资料收集以及与街道就业办就业促进员的了解，我们发现现如今的低保家庭就业促进困局主要是由以下几个主要问题群体的就业促进所构成的。一是下岗、协保人员的就业促进。现阶段的主体人群，这类人群绝大部分是由于20世纪的国有制改革造成的企业大量倒闭所产生的失业人员。年龄是以45—55岁为主体的年龄段。由于这个群体是在作为家庭的主要收入源以及在作为劳动力最佳时段下岗失业的，因而也是城市低保家庭来源的主要人群主体。此类就业促进主要有两大困境，首先是由于技能的缺乏以及年龄劣势造成的难以就业困境。这类人群由于缺乏技能以及年龄偏大加之中国是个劳动力富足的国家，再就业有很大的困难。虽然上海政府的4050项目解决了这部分人群的温饱问题，但贫困问题依旧存在。由于工作没有诱惑力很多人会选择性失业。其次，这类群体中很大部分采取非正规性就业摈弃传统的就业推荐。由于非正规就业的自由性以及一定的收入和低保的收入加在一起会有一笔可观的收入，使得4050的就业推荐对此类人群没有丝毫的吸引力可言。而值得注意的是，非正规性的就业的不稳定性极大。难以摆脱贫困同时也加大了政府的低保资金的投入。二是失业青年的就业促进。这类人群以18—30岁为主。主要特征是失学、失业、失足的年轻人。有工作能力，但由于工作的类型、强度、工资、心态以及体面度的问题，选择性失业。就业促进中的问题是：（1）更换工作的频率极高，无法找到满意工作。（2）不愿工作，啃老。（3）吃低保，非正规性就业。并且通过整理资料发现，这类人群在近几年逐渐增长，有成为今后主要就业促进对象的趋势。由于这类群体与以往失业的群体在行为方式以及价值理念上有巨大的差异，因此如何与这类群体交流，如何促进他们的就业将成为今后就业促进的重点课题。三是教改，失足回归社会群体的就业促进，这类群体也是就业促进中的“难题”人群，也是低保家庭催生的个体因素之一。由于这个群体的特殊经历，加之年龄等因素，他们的就业促进以及回归社会极难。4050项目的很多工种由于他们的特殊经历对他们是不予接收的。很多的公司也对这个群体有一定的排斥。因此此类人群绝大部分以非正规就业为主题，就业促进难度极大。

家庭是由成员所组成，低保家庭的形成也必然是和家庭成员个体有着密不可分的关系。因此我们在评估时以个体为单位进行评估，通过对于那些相对贫困的低保家庭就业促进中的个体情况进行调查和整理，得出以上的三种主要情况，从而便于我们因地制宜地针对问题和低保家庭就业中的困境来解构。

第三节 低保家庭的就业促进困境：可行能力视角下的解构

一、可行能力视角：机会与能力的缺失

“一个人的可行能力指的是此人有可能实现的、各种可能的功能性活动的组合。可行能力因此是一种自由，是实现各种可能的功能性活动组合的实质自由（或者用日常语言说，就是实现各种不同生活方式的自由）。”（森，2002：13-14）可行能力以可行能力集的形式呈现，由这个人可以选择的那些可相互替代的功能性活动向量组成（郑美琴，2006）。

如一个节食的富人就摄取的食物或营养量而言，其实现的功能性活动也许与一个赤贫而不得不挨饿的人相等，但前者与后者具有不同的可行能力集（前者可以选择吃好并得到充足的营养，而后者无法做到）。它所涉及的功能包括从诸如良好的营养可以避免的病状和早夭等最基本的功能，到诸如拥有自尊，能够参与共同体的生活等相当复杂和精致的成就，实质性个人自由的重要性，引出了另一种关于评价的观点。即可行能力方法，主要是指我们可以根据列入各种功能性活动的不同的可行能力集，对个人处境及其社会福利进行评价，以考察社会成员的实质自由（黄荟，2010）。

通过访谈与调查我们发现，即使我们给予低保家庭一些就业的优惠政策帮助，由于现实的制约和自身可行能力的缺失，这部分群体也依旧难以摆脱贫困，正常的工作难以持续地干下去。因此如果单单从贫困线这样的量化分析的角度分析，是难以在真正意义上了解到低保家庭的实际情况的问题根源的。

为此我们引入了可行机力的视角，从而更好更方便地进行质性研究。对于我们所调研的低保家庭，我们认为就业促进的举步维艰、贫困的难以摆脱，是由于可行能力缺失下的机会和能力的缺失所造成的。我们将其归纳为六个方面，即属于机会层面的运气（时机）、政策元素，属于能力层面的思想、技术元素，属于机会与能力交叉层面的教育与人脉元素（如图5-3）。

一个家庭的贫困不单单是外部因素即机会所单方面造成的，同时更重要的是自身能力的缺失以及社会支持网络的缺失。而在以下的六个要素中任何一个要素都可以起到促进就业的作用，然而单方面的机会元素与能力元素所促进的就业固然可以满足温饱的要求，但由于其极不稳定的特性使得就业难以长久或因而产生福利效应现象，难以从根本上改变低保家庭贫困的本质。

因此要真正地摆脱贫困，必须是机会与能力的相互作用所实现的就业促进。即是作为机会元素的“运气”与“政策”和作为能力元素的“思想”与“技术”的对应组合，或者是拥有机会与能力交叉的教育元素和人脉元素。只有通过机会与能力相结合的就业促进，才能形成一个稳固的结构，对低保家庭起到支撑作用，从而对低保家庭脱贫产生正相关的作用。

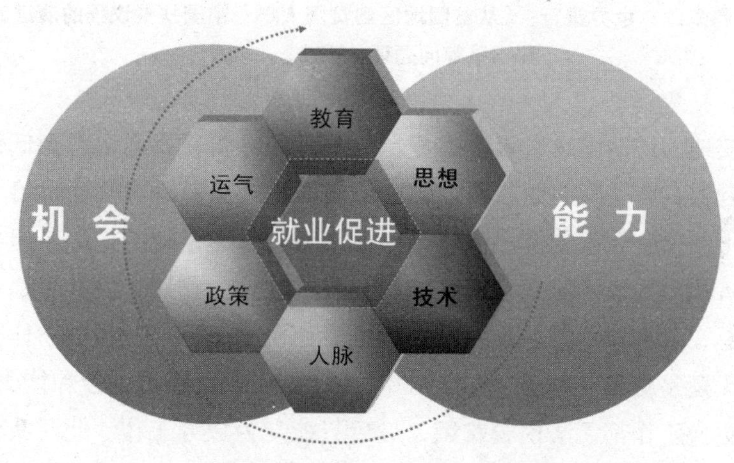

图 5－3 经由能力与机会促进就业的摆脱贫困架构

我们以其中的机会与能力交叉层面的教育元素为例，在世界银行 2009 中国城市贫困人口与教育的相关研究中（图 5－4），我们可以很轻而易举地发现对于城市群体教育年限与收入呈正相关的关系，随着学习年数的上升，人均的年收入也稳步提高。随着教育年数的上升，贫困人口逐渐减少。而我们在访谈中也发现，绝大多数就业有困难或者零就业的家庭中，家庭成员的普遍教育程度都在高中以下。由于教育程度低下，造成职业稳定度较差，职位较低，薪资待遇较差，从而缺乏刺激这些人群强有力的吸引力，造成贫困人口的回流即放弃工作重新吃低保的状态，并形成恶性循环。

Education and urban disadvantaged in China, 2003

Average years of schooling of adult household workers	Share of population (%)	Mean income (Yuan/ person/ year)	Twice the WB line		Thrice the WB line	
			% who are poor	Share of poor (%)	% who are poor	Share of poor (%)
Less than 6	3.3	5770	9.8	12.0	27.2	9.2
Between 6 and 9	20.6	6280	6.1	46.5	19.8	42.1
Between 9 and 12	45.6	7600	2.3	39.1	9.3	43.9
Greater than 12	30.5	10700	0.2	2.4	1.5	4.7
Total	100	8209	2.7	100	9.7	100

Sources and notes: World Bank staff estimates from the national sample of NBS' 2003 Urban Household Survey using per capita income as the measure of welfare..

图 5－4　资料来源：世界银行：《从贫困地区到贫困人群：中国扶贫议程的演进》中国贫困和不平等问题评估报告》，2009

通过实地的访谈以及大量数据资料的整理和分析，我们认识到低保家庭就业促进难题的真正逻辑问题，即现阶段我们的社会用各种方法通过给予低保家庭政策面上的单一元素支持，从而达到促进低保家庭就业的效果。但由于单一的机会或者能力层面的元素，虽然能起到促进就业的作用，但其不稳定的特性使得个体总在温饱周围打转难以摆脱贫困。而由于难以摆脱贫困，作为个体的最优选择无疑是更换工作或者放弃工作。但是由于先天的机会和能力的缺失，无论如何更换工作都无法摆脱贫困，最后只能变为放弃工作。此时我们的社会又用政策因素帮助其就业，从而形成就业促进如火如荼，就业时间无法长久，低保家庭无法脱贫的死循环。因此以下二节中我们将通过对于机会层面——就业促进中的逻辑三角和能力层面——个体行为逻辑的深入剖析，更清晰地展示出低保家庭就业促进和脱贫中的逻辑以及问题。

二、就业促进泥潭：城市低保家庭就业促进中的逻辑三角

通过访谈我们发现上海市政府在最近 10 年中出台了许多政策类的措施，虽

然在温饱方面基本全覆盖，但真正意义上的脱贫却举步维艰。很多低保家庭在贫困线上下来来回回没有真正意义上地脱贫。体现出的问题我们用图 5－5 的逻辑三角来表示，并将其划分为以下几种现象。

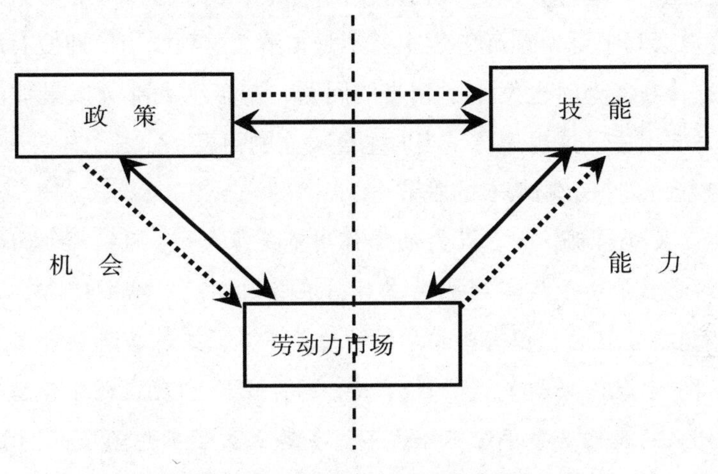

图 5－5　低保家庭就业促进逻辑三角

（一）技能缺失，信息渠道闭塞

“国家有技能培训啊，不知道。”（WSG，M，55，PT）“培训啥么事啊好像听过的，应该给年轻人的吧。”（HD，M，48，LW）“阿拉这把岁数了，没啥技能了，想学也学不进。电脑又弄不来学什么呢。就这样混混日子吃口饭，你们年轻人要多学学，阿拉都快要进养老院的人了还学啥么。哦现在养老院还进不起啊。”（HL，F，48，LW）

通过访谈我们发现在近 5 成的访谈家庭中由于技能缺乏难以找到合适就业岗位，就业流动性、不稳定性极大，同时也与家庭成员的年龄呈负相关的关系。随着年龄的增长就业的满意度降低，但稳定度会有所提高。

（二）政策支持技能培训实施的低效率，以及低效益

“哦，这个培训好像有的。但具体做啥的不清楚，应该有钱的会发给我们的吧。”（WY，M，46，XH）“听说好像社保基金有这个钱的，可以拿的。具体多少怎么拿侬晓得伐。”（HL，F，48，LW）“街道打给我电话和我说过这个东西

的，一开始去过的但是觉得没啥用后来就觉得烦了。他们再打电话给我我也不去了。”（WB，M，22，PT）

从访谈中我们发现，上海市政府为了提高低保失业人员的素质，确实设立一笔专项的技能培训基金，但是从我访谈的随机样本来看并不尽如人意。在我访谈的50多户家庭中至少有50%以上并不是很清楚这项举措。即使有所了解这项举措的家庭，在实施时也发生了相当的问题，基金绝大部分以最低的效益即现金的方式发放出去。这也违背了当时基金设立的初衷。

（三）技能培训与市场需求的脱节

“我参加了技能培训，上了几天的课作用不是很大。[问：哪方面的课程?]关于计算机维修，但由于找不到相关工作，浪费时间。”（WHJ，M，19，XH）“培训的东西觉得蛮好的，但有些和学校学的差不多，工作工资也和不学没有太大差别。所以渐渐就没兴趣了。”（HY，M，24，MH）“现在还学什么啊，这些电脑啊维修什么的我们这个年纪不合适了。年龄上去了不想学了。”（LDX，M，53，MH）

虽然上海市对于就业培训的力度加强了很多，但是我们在调查中却发现在培训补助名录中的课程对于适合年轻人的课程发展得较好，但由于不能做到培训与企业的对接，从而造成培训完成却无法就业的窘境。其次，培训的质量良莠不齐，课程由于学员不足，无法开班的现象也比比皆是。就是那些比较热门的补助项目是否低保家庭真的能享受到实惠，我们也要打个问号。由于项目的补助从50%—100%不等，有些如计算机项目补助在50%左右。而培训机构通过涨价的方式抬高价格，从而难以使低保家庭的成员顺利参加培训这样的现象，我们也在访谈中发现。因此政府单单给予低保个体于技能并不能使其真正脱贫，只有从“培训—就业”的一体化保障才能真正帮助这些低保家庭脱离贫困，走出就业促进的逻辑三角。

三、福利依赖：城市低保家庭就业促进中的行为逻辑

“讲句实在话，说现在让我到外面能做啥，不是清洁工就是保安。拿个一点点钱的，我还不如在家里玩玩呢，打打麻将一天赚的比上班还多咧。像我们这

种年纪大的人出去也找不到什么好的活了，而且也没有什么技能的，吃吃低保算了。”（HG，M，50，XH）“下岗一下来的时候想工作的，现在在家里快10年了也习惯了。家务做做和小姐妹打打牌。吃低保也不丢人，就这样吧。”（LY，F，46，LW）“就是不大想上班，[问：那你吃穿怎么弄?] 这个么就随便吃点弄点，我不挑的。[问：以后准备干啥呢?] 没想过吧，反正现在不想工作。街道也打了好几个电话了。有点烦。”（HZY，M，21，XH）“现在我觉得生活得蛮好的，[问：不上学也不上班?] 上学没意思上班太累。换了好几个工作也没有合适的。[问：现在平时买衣服都是父母给?] 我自己的钱。[问：自己的钱?] 是的，我有钱的。不上班不代表我没钱。[问：这么小就吃低保?] 这又不丢人，设立了不就是给人用的。”（WWY，F，18，XH）

我们发现在低保家庭的就业促进中有怯志就业者的存在。随着低保金额的提高，和这些群体从事工作收益的微薄，这部分群体越发失去就业的动力。产生了具有中国独特性的福利依赖。这部分人群在40—55岁这个年龄段尤为显现。他们的共同特征是，缺乏技能，不愿从事“低下的工作”。他们基本以低保为“基础收入”，同时会有一些非正规的就业和收入为主要生活来源，平时基本游手好闲，无所事事，不以吃低保为耻。而与之相对的是一些年龄很小的年轻人也开始吃低保，他们有一定的工作技术和能力，但不愿工作。主要的特征是怕苦怕累，普遍对于工资的预期较高，不愿工作，啃老。在与街道干部的交谈中我们了解到，像这类年轻人在最近几年呈上升趋势。在就业促进中的个人行为逻辑，也有大幅从怯志失业到福利依赖的趋势，这一点尤其值得我们的注意。

第四节 低保家庭就业促进的路径探索

一、低保制度的新路径：从“保温饱”到“促能力”的转型

通过对现如今上海的低保制度进行观察，我们发现低保制度可以帮助绝对贫困家庭解决生活问题，但无法帮助相对贫困家庭脱离贫困的处境。如需帮助

相对贫困家庭脱离贫困，需要低保制度从“保温饱”到“促能力”的职能转变。我们知道，一般政策效果主要有直接效果、附带效果和意外效果三种（祝建华，2009），而从传统的低保制度来看，首先，从政策目标定位上来说，城市低保制度是采取绝对贫困的标准线，将所有收入低于贫困线的人纳入政府救济范围，实现“应保尽保”。对上海市城市居民最低生活保障覆盖范围的规定基本上惠及需要救助的人员。其次，从功能定位的角度上说，它只是考虑了衣食、水电煤气等生存所必需项目。对于医疗、教育和房租、交通则未予保障在内，只能解决温饱问题，满足基本生存需要。作为弱势群体，无法充分享受再分配权利来获得发展所需资源。再次，政策实施的效果会超出设计者的预想，低保制度的附带效果（祝建华，2009），让我们深思是否应该拓展保障的项目和内容，寻求保障制度更大的意义。最后，低保制度给予的基本生活救助，会在一定程度上造成失业和贫困陷阱，使他们更无力参与市场竞争、丧失自我发展能力，只能依靠救助生活。不仅遭受基本生存之外的社会排斥，还会形成长期贫困和贫困转移的恶性循环。社会福利资源的有限，也会使真正需要救助的贫困家庭在社会事实上形成一种制度排斥和权利剥夺。

所以对于现如今的低保制度需要引进就业激励机制，对于不工作吃低保和工作下岗后吃低保进行区分。同时花大力气在低保制度中引入“技能培训——企业就业”的链式的帮助。就是首先从企业做起，了解企业的用人需求，通过需求的定位，以订单的方式针对性地进行职业培训，同时让失业人员在培训之初就明确所培训项目针对的公司，以及将来能够拿到的薪酬和福利。直观地刺激培训者，让他们自己选择适合自己的职业培训，提高效率保证就业成功率。同时为了激励企业聘用这些失业人员，政府可以相应地给予一些政策支持。在此基础上，对失业人员进行有针对性的职业培训，在职业培训的同时保障他们的工作，促进其就业。同时面对市场的需求实时地改变培训目录，对于低保人员施行周期性的培训制度。让他们学习更多的技术适应社会的需求变化，从而帮助其通过就业的促进而脱贫。

二、社会企业及模式的引入

在过去数年间，有关社会企业的讨论与实践在中国悄然兴起，社会企业在就业、扶贫、教育、医疗、社会服务、社区建设、环保等领域越来越发挥重要作用（余晓敏、张强等，2011）。社会企业以实现社会和集体的福祉与公益目标为宗旨，通过商务事业的手段从事经济活动，其在实际运作中需要同市场部门主体一样遵循市场规范并注重创新和有效决策（Alter，2007；Travaglini，2009）。而我们发现在国外研究文献中，旨在促进社会弱势、边缘人群就业的社会企业，称为就业整合类社会企业（work integration social enterprise，简称WISE），其社会使命不仅在于帮助劳动力市场上处于弱势地位的人群获得相对稳定的就业，而且在于扶助弱势人群通过就业实现社会整合（Nyssens，2006；Spear and Bidet，2005；Vidal，2005）。在全球范围内，无论从数量和社会影响的角度而言，WISE都是社会企业的主要类型之一（余晓敏、张强等，2011）。

欧洲社会企业研究网对欧洲国家WISE的跨国研究表明，至少存在四种类型的WISE：（1）长期享受政府补贴旨在为各类残障人群提供就业服务的组织，例如庇护工厂；（2）为在劳动力市场处于弱势地位的人群提供稳定就业的组织；（3）为身处精神疾患或其他社会问题的人群提供生产性活动机会，从而帮助其实现（再）社会化的组织，其与第一类WISE的不同之处在于受益人群所从事的并非是真正意义上的工作，获得主要是住所和食物而非工资报酬；（4）为失业人群提供过渡性就业或培训从而帮助其重返主流劳动力市场的组织，其服务对象通常不是残障人士或具有严重社会问题的人群，服务周期通常是短期的或有固定期限的（余晓敏、张强、赖佐夫，2011）。因而我们可以通过就业整合类的社会企业结合现有的低保政策，将目标人群定为城市的边缘家庭以及边缘人群，为他们提供直接的就业服务以及职业培训和就业信息，通过社会企业的模式促进低保家庭的就业。

三、“第三条道路”的思考

“第三条道路”① 是现阶段在西方得到广泛应用和重视的一个新的福利改革概念。其指导思想是变消极福利为积极福利，变“福利国家”为“社会投资国家”，用市场机制激活福利机制和劳动力市场（杨晓丽，2008）。通过促进就业、加大人力资本投入等措施，使福利改革取得一定成效（李翠芳，2011）。从一定程度上摆脱福利依赖的现象（陈雷、江海霞，2009）。其主要思想和理念从四个方面体现。一是社会投资国家从“社会福利”到“工作福利”的转变，二是政府与市场的优势互补，三是个体权利与责任的统一，四是公平和效率的平衡。

第三条道路的理念代表了现阶段西方福利改革的普遍趋势并在西方福利国家得到广泛应用。“第三条道路”的核心在于从过去被动的福利转变为积极的福利，以就业促进代替失业救济的一种积极福利的思想。在这点上与本章的论点就业促进不谋而合。同时在加大教育投资，增加就业培训，提高劳动者的劳动技能，推动“终身学习”战略以及发挥第三部门的效用等理念上也从一个侧面佐证了本章对于就业促进的解构，并且许多的理念也是值得我们去思考、去借鉴的。但值得注意的是，从实地调查中我们发现，由于国情的不同，“第三条道路”的许多方法理念本研究认为在我国低保家庭就业促进中并不一定可取。

第一，福利国家－福利依赖概念的差异。现阶段的中国社会虽然福利水平在稳步提高，但如果以西方福利国家为标杆的话，如今的中国社会福利水平还是很低的。所以我国并不是真正意义上的福利国家，没有完善的福利体系。

第二，福利依赖概念的不同。西方的公民可以通过福利欺诈的方式在没有任何工作的情况下过上良好的、有质量的生活，而中国现阶段的国情是即使福利欺诈最多在没有任何工作的情况下保持温饱，而一般的低保金（以上海为例

① 1998年安东尼·吉登斯出版了《第三条道路：社会民主主义的复兴》，其理论已经成为流行于欧美的“第三条道路”思想的重要基础。他主张走一条既不同于以国家干预为主要特征的传统左翼社会民主主义，也不同于右翼政党新自由主义的道路。其目的是避免社会民主党因过分强调国家干预经济、抑制市场作用、推行凯恩斯主义经济政策而产生的消极影响，同时克服新自由主义过分夸大市场作用、试图使政府责任最小化的错误思想，走一条超越左右的“第三条道路”。

2011年4月上海的低保金上调至每月505元）如果对比如今物价增长的话，一个家庭吃低保连温饱都很困难。所以从严格意义上说，中国并不存在福利依赖。绝大部分的低保人群只是将低保金作为非正规就业收入后的额外收入来看待的。从现实的意义来看，这也是符合个体的理性选择的。其次，政府与市场的优势互补理念的国情差异。由于中国社会“大政府－小社会”的框架难以打破，而如要发挥政府与市场的优势互补理念必须是建立在“小政府－大社会”的框架下，使政府的公权力与市场的调节能力处在平衡的位置上，充分利用“大社会”的调节机制，从而发挥效用。不然，想用市场机制激活福利机制和劳动力市场那是没有可能的。所以，由于国情的局限，中国社会只能采用政府强势干预的方式才会更有效果。这与“第三条道路”所倡导的想法是有出入的。但也确是最符合我国国情，也是最有效的方法。

第三，加大人力资本投入理念的差异。在“第三条道路”中着重提到的就是就业促进。而其中西方国家在实践中主要推崇的就是加大人力资本的投入。确实这是一个相当不错的模式。但问题是这样的，工作福利模式在中国真的能起作用吗？我们不禁要问。我觉得这样的模式只能在劳动力价值较高的国家才有效用。像在中国这样劳动力廉价的国度里，想通过单方面提高技能或者加大人力资本投入而不要政府强势干预的方式促进就业，那注定是要失败的。原因很简单，因为中国的劳动力市场是买方市场。即使你能提高技能或者人力资本，但在庞大的劳动力基数下，由于没有政府的保护，市场的趋利机制就会显现。我们的“受培训者”会面临两个现实的窘境：（1）虽然掌握一技之长，但对于农民工没有价格优势。对于有学历者（技校等专业技术学校的学生），缺乏专业知识，依然被公司淘汰。（2）即使被公司录取，由于市场供给的不平衡，大量的人员的涌入依然会对你的职位和工资带来挑战。所以，在我们现阶段的社会里单方面地加大人力资本投入，依靠市场机制那样做的边际效应可以毫不夸张地说是很低的。

所以本章的观点是：要真正促进就业，不但需要单方面的“机会”或者“能力”，更需要能力与机会的结合，更需要政策与技能的结合，更需要政府的强势干预与个人思想及能力的结合。这才是符合中国国情的可行方法。因而在低保家庭的就业促进的路径探索中，本章选择了政策层面的探索以及第三部门（社会企业）的探索这两个方式，因为这两个方式是比较符合现阶段中国的国情以及社会需求的。虽然这也是“第三条道路”所提倡的，但在实践中很多理念相对于“第三条道路”的理论初衷已经是大相径庭了。因而这也是必须引起我们的注意和思考的地方。通过对于“第三条道路”的思考可以帮助我们更好地了解中国现阶段的“工作福利”状况，从而找出一条更符合中国国情的低保家庭就业促进之路。

第五节　结论

随着我国经济结构的转型，大规模城市职工下岗失业，大量下岗失业人员被迫退出劳动力市场，与之并生的城市贫困现象也日益加剧。当前我国城市贫困人口的基数不仅庞大，而且呈扩大之势。究其实质，尤以贫困家庭的再就业问题难以克服。本章以上海 50 户低保家庭为例，运用质性研究以及叙说分析的方法去解构城市贫困家庭就业促进之难的吊诡处境。

本章认为，低保家庭的就业困境和工作陷阱中的信息、技能和岗位的缺乏是一种表象。当前低保家庭的就业状况呈现出依赖性 - 间断性 - 非正规 - 零性的周期性特征。其深层次的根源，在于低保家庭可行能力的不足。本章认为低保家庭难以就业的逻辑在于劳动力市场、就业促进制度、个体技能与信息逻辑三角中，由于任意一角的缺乏或不对等。如何破解这一逻辑，可行能力、社会企业和制度完善无疑成为探寻建议的立足点。

通过 50 户低保户家庭的访谈，我们了解到上海的低保家庭的家庭成员就业率不高，以非正规性的就业为主体。绝大部分低保家庭的“可行能力”缺失，造成其不断走进就业陷阱难以脱贫。而社会政府的单方面的扶持虽然积极地促进了就业，却难以使那些相对贫困家庭真正走出贫困。信息的不对称以及政策层面对于职业培训缺乏长远规划和细致部署的单向扶持，使低保家庭深陷就业促进的逻辑三角之中。

一方面政府和社会花了大力气通过各种方法促进低保家庭成员就业。另一方面，低保家庭成员并未通过就业摆脱贫困，由于无法摆脱贫困便放弃工作开始福利依赖。或者自始至终由于信息的不对称造成的信息缺失资源的浪费。因而我们希望通过对低保制度的改进即引进就业激励机制，对于不工作吃低保和工作下岗后吃低保进行区分。同时花大力气在低保制度中引入“技能培训-企业就业”的链式的帮助。使失业人员有针对性地进行职业培训，在职业培训的同时保障他们的工作促进其就业。并且通过社会力量发展就业整合类社会企业促进社会弱势、边缘人群就业，帮助低保家庭脱贫，真正找到低保家庭走出就业困境的钥匙。

第六章

生活经验、贫困认知和社会距离：城市低保家庭的贫困挑战及行动镜像

贫困作为低保家庭的挑战，首先直接映射在物质生活层面，在低保家庭的表象生活领域，处处可见困难，例如衣食住行、医疗保险、穷人标签等。贫穷对于他们的影响越来越涉及众多的因素，但真正原因的归根尚未明确。本章指出，探索贫困对低保家庭的外部发展影响，是改善低保户生存环境的直接手段，但是研究贫困对低保家庭内部世界带来的影响，却是由表及里深入低保人家微观需求的必经之路，是追寻社保制度建设配合社会工作理论提升和人的全面发展路径的结合点。从贫困人家的生活经验到他们的自我认知，再到社会距离的范畴，是探索贫困作为挑战的一种层次递进的隐蔽世界思维。而逆向过来，就是寻求种种挑战的动力因素，二者相结合是宏观与微观探索贫困压力的结合点。

第一节　挑战、起点与视角

一、问题的缘起与作为挑战的贫困

（一）研究背景

我们国家在改革开放以来，人们的生活水平的高低始终是城市的现代化程度深层次与否的表现。贫困与富裕的人共同组成了城市的主体，尤其在上海这样的大城市，更是居住着各种生活水平层次的居民。中国的贫困不仅突出表现在城乡之间，也表现在城市内部和乡镇内部。其中，城市低保制度对于贫困人

群的影响不容忽视，各类学家都对此作过深入探讨，以寻求更为有效的方法帮助城市建立一个较为完善的社会保障体系。

近年来，城市低保制度有着很大的成果，它的覆盖面积和低保内容都有所增加，著名学者唐钧对中国的社会保障制度现状作出以下研究结论：第一，低保对象人数有所上升，第二，低保费持续快速增长，第三，低保标准有所上升，第四，低保标准的提升使得低保人群的补差增加。虽然低保制度有所发展，但是仍然难以涉及和照顾到城市低保居民的众多生活层面。

在一个专业性社会学家的低保制度研究背景下，很多学者都从不同的角度、层面对城市低保人群的生活、心理、发展、阻碍因素等作出了调查和总结了结论。我国城市低保制度也存在着很多问题，各类学家都尝试着从制度层面去帮助低保户走出贫困，走出压力长期笼罩的局面。但纵观当下各类社会学家的研究调查，他们更加侧重于制度层面、物质贫困层面等外在挑战，而没有过多涉及低保家庭的内心困惑与精神空洞。

因此，我们在综合各位专家的有益成果的基础上，探求进一步挖掘低保家庭成员的内心世界，为补充城市低保家庭生活的改进提供精神层面的分析和突破。

（二）问题缘起

贫困无可置疑的是一个社会问题和家庭困惑。世纪期刊网曾有学者研究说，贫困是发达国家和发展中国家同时面临的热点社会问题。许飞琼表示，它将是世界性和长期性并存的一个挑战。但中国的贫困问题包括绝对贫困和相对贫困、区域贫困和阶层贫困。在这样的一个问题背景下，经济问题或者物质生活结构的空乏是一切贫困问题的起源。大多学者都从此“对症下药”“顺蔓摸瓜”去探讨和调查现实案例，通过案例整合来寻求解决低保家庭的生活压力。

这种思维也得到了很多其他有关专家的佐证。低保家庭因为贫困而导致的生活压力具体表现在他们生活的各个领域与各个时间阶段，从子女的幼小教育到成人的工作与交往，从社会支持到内心孤独感与边缘化，都无一不显现出来。中国的城市贫困居民享有程度不同的社会保障制度的援助，但是，低保家庭的状况除了背负家庭收入的正面压力，也存在很多制度的间接挑战。

但是，大多的学者都是从外在的制度和生活层面去探讨低保家庭成员的挑战，进而获得些许的行动因素来改变贫困，帮助他们获得物质支持。我们认为，贫困问题已经不仅仅给低保家庭带去物质苦痛，带去的心灵挣扎更为长远。因此，走进低保户发觉低保家庭的内心挑战也是亟待落实的一项社会工作。

（三）逻辑起点：作为挑战的贫困

根据马斯洛层次需求理论，生存需求是人类的第一层需求，但是事实上，文明社会发展到今天，生存问题已经不仅仅是低保家庭要解决的当务之急。个体和群体的健康与完全发展，需要同时照顾到物质束缚和内心压抑两个层面，这样的发展对于低保家庭改变现状更具有稳定性和可靠性。

前面已经阐述，关于城市低保家庭的生存挑战，大多学者都认为是外在的物质压力，例如教育机会、政治参与、医疗保障、养老保险、生育风险、就业待遇和社会福利享有的各个方面的不公平待遇和弱势群体地位。他们集中强调了经济基础决定上层建筑这一思想。唐钧认为，就业问题是低保家庭面临困境的最根本的阻力。他与很多学者一致强调，巨大的就业成本和就业风险是低保家庭从物质依附低保金到精神渐变失去信心。这种观点佐证了很多现实挑战。但是，却相对忽视了一个低保家庭健康成长的另外一个必需要素，那就是低保家庭的内心世界的沉重包袱。

作为挑战的贫困，给这些低保家庭的确带来了现实的物质困惑，使得他们的衣食住行、医疗养老、结婚生育、就业学习以及个人长期发展都造成了很大的负面影响。但是这些都是显现在外部世界的，国家和政府都看得到，可以做出一定程度上的制度整合来调节他们的生活，补充资源。但是，作为挑战的贫困，确确实实给贫困者带去了影响深远的精神负担。已有专家总结出，低保家庭成员从福利依赖心理到麻木的放弃自我心理，都使精神领域受到长久消磨而失去了良好的精神面貌。因而，对物质本就匮乏的他们而言，只有深入了解到他们的内心压力和需求，才能更好地配合外部世界的改造。

（四）分析视角：作为挑战投射的内心世界

贫困作为低保家庭成员的挑战，给其内心带去了各式各样的负面影响。这种外在的贫困对其内心的镜像反映在不同种类的人群有不同样式的表现。例如，低保户的学生就经常有一种自信心不足的感受，他们很难在大众面前抬起头，这对于他们的交往和学习都是不利的。再如，病、残、老、弱的低保家庭成员，更是在医疗求救无助的情况下，表现出对生命的绝望。这些都是贫困这样的挑战所带来之于内心世界的冲击。贫困本身带去的客观的影响就是涉及金钱领域的无奈。但潜藏在低保成员内心世界，却是他们的情绪和精神状态就显现为低沉、消极、悲观和抵触的心理，轻微一点的是长期依靠政府补助，不思上进，不求改变，严重的就是在心理层面产生厌世情怀和自暴自弃。

我们已经从各种制度框架探讨过如何实现低保家庭脱贫，虽有很多进步和改善，但是却忽视了他们内心的挑战。部分已有研究成果显示，人是情感性动物，当制度成为贫困人群的一种依附，他们就很容易失去积极向上的主动情感，因而，贫困作为他们的生活挑战投射到他们的思维压力，是值得深入探索的。他们在面对贫困的时候，形成了什么样的生活经验、对自己有何认知、社会距离问题又有哪些，等等，都可以从贫困对他们内心世界产生的镜像去分析和研究。

（五）研究思路

既然是研究低保家庭的贫困挑战，我们也需要在已有的社会学者们的研究成果的基础上，正视学者与专家们的关于贫困家庭的物质困惑解读，知其困难的源头，寻求切实可行的脱贫通道。进而通过深度挖掘贫困家庭的内心世界，转向从微观的角度洞察低保家庭成员的内心需求与渴望，弥补当前研究话题的空缺。

在这次走访过程中，我们除了需要理解低保家庭成员的外在压力，需要挖掘他们的内心苦衷以外，还要做的就是完善他们的自我认知。也就是说，他们是怎么样看待自己的生活和自己的思维层面的，又是以什么样的态度来面对当前的难题和表现出的具体措施。充分完善和重新构建低保家庭成员的生活价值理念，引导他们以积极的心态来应对难题，是这次走访工作的一个任务之一。通过微观世界的解读，寻求可实施的方案来帮助低保家庭成员，从而上升到操作的角度，让他们形成积极有效的学习、工作、融合和认知态度，从内心根源上发觉问题和探索问题的解决措施，是这次调查的侧重层面。

这些不同走访案例中，所表现出来的客观困苦都不一样，而也正因为这些客观困苦不同，他们的隐性世界的疾病也不一样，这是我们所需要研究和探讨的话题。我们需要通过对低保家庭的微观世界困难研究，去为低保家庭贫困挑战提供新的理论支持，也需要因此寻求新的社会资源配置的机会，关注弱势群体，关注他们的内心世界。

第二节　回顾、方法与概念

一、研究回顾

20 世纪 90 年代，贫困还是被普遍看作农村的一种现象，但其后，城市贫困发生了神速恶化和逆转。有学者把中国城市的贫困称为“新贫困”。但对于中国城市贫困的研究，几乎所有研究者都试探从揭开低保家庭的生存困难根源入手，寻求相应的、及时的、具体的、可行的方法和战略来改变中国城市贫困问题。

在城市化进程中，经济生活层面的需求和供应不协调，是低保家庭出现贫困的外在机构表现。对于物质生活给贫困家庭带去的挑战和压力，社会学者普遍认为，就业是带给低保家庭生活困境最大的阻力因素，而失业人群的福利依赖心理却越来越严重，就业改善贫困面临与制度改善贫困成为一对矛盾（范斌，2006）。而且，广大的社会学研究者都很有兴趣从就业、教育、政府的社会保障制度层面去分析低保家庭的生存压力的原因和解决途径。河南大学的王凯教授在《城市低保家庭教育救助问题研究》中表示，社会氛围、政府责任、制度措施和文化扶贫是低保家庭的贫困挑战的研究入口和解决出口。他认为接受教育是改变低保境况的使力，而没有接受教育就是其阻力。而社会的接纳和政府的包容以及贫困家庭思想发展需求是次要研究点（毕玉、刘卫卫等，2007）。

与此相反，著名社会学家唐钧先生的四大“上升理论”的提出表示，低保制度的完善给贫困者的贫苦带去了实际的帮助，低保家庭也获得了政策的安慰（唐钧，1992）。他指出，所谓的贫困人群的受教育困难问题隶属于社会政策的一个环节，并未如上述研究所言的教育可以充当那么大的地位。唐钧教授的观点，获得了很多社会学界人士的认同，他们都一致认为，社会主义国家范畴内部的城市贫困问题，是直接受国家社会政策的影响和控制，因此他们积极要求建立健全一套完善的社会保障体系，从而达到西方发达资本主义国家的社会保障水平。他们的结构性研究着重低保家庭的外在世界的发展破冰（唐钧，1990）。

我们可以看到，关于低保家庭贫困挑战的研究，有的是从理论发展路线分析，探索未来低保体系和低保认知的走向；也有的是从社会排斥角度探索低保家庭的社会距离，角度不一。那些反对通过寻求结构性出口的学者指出，城市低保制度运行已经达到瓶颈阶段，学者江崇莲在《城市低保制度运行优化路径选择》中指出，城市低保人群的贫困挑战正因为低保水平增长缓慢、筹集资金机制存在严重平均主义倾向和低保监督机制的不完善，而损害了广大低保对象的切实利益，因而这类研究者倾向于政策以外的道路探索（孟红莉，2005）。

既然有人提出通过非政策层面关注低保人群的生存和发展，那么，社会排斥的研究者就认为，一切城市贫困问题本来可以缓缓消逝，但是由于社会客体排斥，给贫困人群加上了一顶无比沉重的帽子（徐建，2005）。这样，就是社会给了他们更为严峻的挑战。持有此观点的人同时也认为，由于时间跨度有所拉长，社会客体排斥和低保对象的自我排斥是内外相结合的，两者共同给低保家庭成员带去了更多的思维困惑。他们在试图探求更为完善的社会参与和融合氛围，从而帮助低保家庭的压力在社会整个群体中间得到消释（胡旭昌，2013）。

我们不难看出，各类社会学家都在积极寻觅低保家庭生活挑战的表现。还有一种观点认为，正是城市化导致了城市低保家庭的贫穷化。学者胡旭昌就认为，相对收入水平很低是低保制度改善所没有照顾到的层面。因为近年来，物价上涨的速度远远超过于普通人的收入水平的上升。这种相对收入减少对低保家庭的生活带来的影响更大。

除此之外，也有一些学者关注到低保家庭隐性的世界。那就是，关于低保家庭成员心理发展过程，唐钧、朱耀根、任振兴认为，由于资源的集中，一些穷困家庭更容易陷入贫困，形成贫困、家庭破裂、贫困加深、孩子贫困的贫困循环，这就是带给他们精神困扰的潜规则（唐钧，1990）。这种初步关注低保家庭成员的内在生活，是十分可贵的。因为外在世界寻根的学者太多，实际的效果又不能立竿见影。因而从外到内去反思低保群体的内心世界，再由他们的内心世界折射到我们可以看得见的外部生活，是低保家庭的贫困挑战研究的一个转折点（成元君，2007）。

然而，目前这种思维和陈述还偏少。我们此次通过走访和调查低保家庭的贫困挑战，通过从外到内，由内再及外的思维分析，并对此话题作出了初步的制度设计提议。我们试图挖掘贫困作为挑战，对他们的内心构成了什么样的影响，在此基础上，他们内心真正的与唯一的需求是否只有物质生活的改善？

二、已有研究的贡献

在已有的低保家庭的贫困挑战研究中，社会学领域各个人士都作了不同的解释和制度要求。这些研究或多或少帮助我们认识到了那些贫困人群的生活领域的缺失和需要，为我们提出了一套一套的理论构想和设计提议。系统分述起来，他们分别的贡献在于以下几个不同方面：

第一，充分认识到了中国自改革开放以来社保制度的进步。正如唐钧所言，中国的社会保障制度在这些年里面扩大了保障的对象、增加了保障金额等，也是这些社会保障制度的实施，帮助很多贫困家庭缓和了矛盾。这种缓和的意义在于，我们将拥有更多的时间和机会去探索一种长远的方法来了解和解决贫困户的各种挑战。

第二，对于探索和寻求脱贫的方法提供了较为系统和科学的认知。不论是侧重制度脱贫还是社会融合脱贫，他们都勇敢地提出了一套积极的社会机制转变的构想，试图从低保人群的生活表象细微到内部，帮助他们真正走进健康的社会发展环境，帮助他们谋求平等的发展机遇。因为这些认识具有很大程度的科学性，所以就在很多地域都开展了起来，这是研究者的理论上升到实践的一种巨大成功，这也是他们的研究对于改善贫困者贫困的贡献，是对社会的贡献。

第三，对低保成员实现了一定程度的认知重建，也抹去了一些社会标签。对于低保家庭的社会排斥压力的探究者的贡献之一就在于，帮助社会群体真实地、客观地认识到低保家庭的不平等待遇。这是一种伟大的博爱情怀的弘扬。这个层面的研究，对于重新构建社会对低保群体的认知有着十分深远的意义。同时，这项研究也为那些没有自信心的贫困人群建立一定的自信心提供了现实可能性。这些研究者试图让社会接纳贫困者的同时，也让贫困群体认为，社会可以接纳自己，自己能够被社会接纳。

第四，对于未来低保体系的完善提供了理想蓝图。尤其是对探求通过机构转变来实现对低保家庭贫苦压力的缓解的研究者们，提出了一系列远大的社会保障法杖计划。

第五，打开了低保成员心理挑战的研究之门，为社会学的发展和社会工作实践的开展提供了新的理论依据。这项研究工作是一直以来着迷于研究低保家庭物质生活生活困难重重的研究者们，在探索新的领域来更加全面彻底地认识低保群体层面上，作出的质的飞跃的一步。以往，我们往往站在外围的角度，而没有真正走进贫困人群的内部世界或者隐蔽世界，现在已经有了弥补这种缺失的发觉。

三、未决难题

以上的研究领域，虽说物质精神需求都有照顾，但是还欠缺很多。低保制度的发展和改进，在解决更加具体的贫困生活问题的时候，不仅对原有社会贫困问题的思考和解决有着一定的欠缺，而且也滋生出了旁的挑战。

首先，我们知道，已有的研究并没有为低保家庭提供切实的发展机会，因为涉及资源配置问题，他们并没有提供实现资源平等的方法。只能说，已有的研究发现了我们的社会保障制度在覆盖面上和资金救助额度上面较以往有着一定的进步，这种进步，第一只是解决了一些表面的现象问题，第二只是提出了问题而没有对问题的结局路径作深度思考和初步探索。所以，不论上述的哪种观点，都只是对低保机制作了分析，而没有针对性地探索贫困家庭的需求性的低保制度。

其次，在低保家庭成员的思维困惑解决方面，他们更多的是通过侧重物质改进来安慰，并未想到精神层面专注呵护。不难看出，在经济快速发展的时代，面对低保家庭的挑战，最有效最直接的帮助方式就是物质帮助，也就是已有研究发掘的问题和谋求改进的道路：一切以改善和提高城市贫困居民生活水平为出发点和归宿。结合走访聊天记录，我们可以看出，这些贫困人群的精神层面得到的关照微乎其微。也就是说，已有研究并没有打开过低保家庭的内心世界，没有揭示贫困给他们带去的隐蔽的挑战和困苦。

再者，低保家庭成员的隐蔽的世界是广阔而复杂的，他们没有正视对待贫困者自身的自我认知，更多的是从外在世界的对比来挖掘低保家庭的精神生活需求。关于这一点，已有研究所侧重的是外界社会对于贫困家庭成员的看法，而忽视了贫困家庭的自我看法。其实两种意识是相互影响的，它们不可能一面独立地形成一种社会标签，另一面又形成一种社会心理层面的贫富人群间的隔绝。因此，把社会距离的责任归结在单方面的社会层面，是缺失的一种社会判断。

最后，已有的研究偏向于把低保家庭贫困挑战的一切问题都归结在就业上面，没有涉及低保对象的内心领域，没有从低保对象自身去探讨挑战原因，也没有从制度、民族文化等角度去过多的思索，归根结底，已有的研究都太侧重于物质层面的不足，重笔描写社会发展和群体发展不相适应所造成的物质差距，从而使人们普遍认为，贫困给低保家庭带去的挑战就局限在物质层面。但是，事实上并非如此，我们通过深度走访和分析已有资料的成果，探索出了关于贫困给低保家庭带去的压力机制的另外一个动力系统，那就是贫困给他们的隐蔽世界带去的艰巨困难。所以，假如只是从宏观角度去思考低保和贫困，那将是游离于对低保家庭的表面研究，也只是对他们外在世界的反复玩索。

综上所述，只有从宏观角度细微到隐蔽世界，才能更加全面地认识贫困给低保家庭带去的外部压力和内在压力，才能寻求到彻底解除贫困的挑战因素层面。这也是我们研究的切入点和归宿。

四、研究方法与概念界定

（一）研究方法

本课题是一个研究性课题，根据课题需要，我们从实际情况出发，以上海市50户个案访谈为例，对低保家庭目前的贫困挑战进行分析，从生活经验、贫困认知和社会距离几个方面展开，在深度访谈和观察体验的基础上进行分析和梳理，对目前低保家庭面对的困境和挑战进行分析。2013年1月到5月，我们完成了对50户的访谈工作，主要通过无结构式访谈和文献调查法。

文献调查法，是指通过对文献的收集、整理和摘记，以获得关于调查对象所生活时代的社会背景信息。文献是指记录时代背景的信息资料，是社会分析的重要载体。对于本课题的研究，我们通过对大量资料的收集和阅读，对低保家庭的生活有了一些感性的了解和理性的认识。

实地深度访谈，也叫自由访谈，是指一种直接的、一对一的访谈形式，它没有固定的访问形式和内容，访问者根据调查需要围绕某个或某几个主题与被访者进行沟通和交流。在本课题中，我们通过对50户低保家庭的深度访谈，从他们各方面表现中探索他们的隐蔽世界，并对他们的隐蔽世界的行为进行分析，挖掘影响他们行为的深层次因素。

（二）概念界定：隐蔽的世界

所谓的隐蔽的世界，就是指低保家庭成员内心世界，具体指的是低保家庭成员看待贫困的态度、作出的相应反应，是他们精神层面的状况。而这些层面，是当前社会学家关于低保家庭挑战所没有充分认知的。走到低保家庭成员的贫困维度的思维概念，探究贫困人群隐性心理，发觉他们隐蔽世界的特征，是我们此次调研和论述的重点。美国社会学家菲利普·布儒瓦（Philippe Bourgois）提出以生命的尊严来透析穷人和富人之间心理世界和社会世界的距离。顾名思义，穷人和富人内心层次是不同等的：穷人就是比富人要低级一些。这不仅是大众和富人所持有的概念，连同贫困人家自身也有很深的认同感。在穷人的内心世界，物质早已衡量和区分出来了一切。

低保家庭成员的隐蔽世界是灰暗无光彩的。他们内心深处虽然渴望拥有社会资源、可以自由参与社会交流与学习、可以众生平等，但是由于物质和知识的隔阂，使得这些饱受贫困压迫的低保户，长期受困于生活的艰难和人格的屈服。在低保家庭成员内心深处，贫困给他们带去了太多的悲观色彩，这些心理反应并不都为人所知。例如，部分低保成员就安于福利的救济，觉得自身本就无能，内心不该违背穷人的生存法则，这就是一种自我贬低和堕落的内心世界观。

低保家庭的内心具有很多消极的方面，像自我贬低、自我隔绝、自卑以及常常不自信以外，还包括常年经受着社会的冷眼。具体表现为依附感、距离感、排斥感、隔离化、污名感、焦虑、压迫和无奈性行为等层面。他们是孤独的，物质的贫穷渐渐会夺走他们原本拥有的稀少资源（如物质资料、人际资源、学习资源、就业机会等)，他们无法找到倾诉的对象和适时帮助者，但为生存，有的会选择依赖政府福利，有的会随遇而安得过且过，有的则显现得有点麻木。这些内心层面的悲哀心理，是贫穷所附加的挑战，这种挑战比物质生活困难更为深刻和持久。但是他们也依旧只会像社会群体关注的那样去关注物质生活的改善，忽视了自己内心的召唤，甚至他们隐蔽起来的内心都失去了真实意义的召唤。

现在，我们通过挖掘低保家庭成员负面心理，进而寻求突破心理障碍的道路是十分必要的。在他们的贫困生活过程里，是什么样的一系列原因导致了最终的悲观情绪？是什么样的表象社会覆盖住了他们的内部世界？由低保家庭成员的内部世界缺陷又反过来对他们表现出的社会行动产生什么样的影响？这些问题的解决都需要对他们隐蔽世界的界定，需要整合出低保家庭成员面临的精神方面的需求和困惑等层次的压力与挑战。

第三节　行为范式：隐蔽世界中的生活经验

行为范式是指人或群体在长期生活中形成的一种特殊的相对固定的行为结构，在这里，我们要讨论的是低保家庭的行为结构。在这次深度走访的过程中，我们通过初步了解到低保户成员的外在生存压力，进入到案主的内心世界，探索贫困家庭人士的生活经验。他们在面对自己的贫困生活之中，有众多不一的生活方式与生活经验。这些因贫穷而潜移默化带来的行为范式，通常都表现得很被动与消极。因为贫困作为挑战，不仅给他们的物质生活带来压力，也给他们的思维运动笼罩阴影。

一、压迫性行动经验

压迫性行动指的是因为受到外界阻力而不得不作出某些行动以及带来一些应变思想的行为。这里是说，低保家庭成员因为贫困的压力而不得不放弃子女上学、病者医病、吸毒解压、厌世情怀和厌学解压等行为。就是说，面对贫困挑战，贫困者不得不作出原有计划的修改或放弃。我们在这次走访中就有很多这样的案例，其中也有较为典型的压迫性行动经验的反射。

（C－ZM）张某从下岗后，一直没有参加工作。这些年来只靠低保金和老婆的临时工维持家庭生计，没有单位为他缴纳四金，现在老母亲时常生病了都没有办法医治，日子过得更难了。小孩子早几年前放弃了学业在外打拼，也忍受不了家里的困难，到现在已经几年都没有回过家了。他们甚至都有过行乞的经历。后来觉得丢脸就不去了。

从这个案例中我们可以发现，张某因为失业带来家庭贫困，带来孩子的辍学和母亲的有病不能医治。但是这些方面都是显现的物质困惑的解答，他们的精神层面却是受到一种压迫的痛苦。因为在他们整个家庭成员的内心深处，这些行为都是不得不妥协的一种面对方式。他们凭借经验得知，虽然无法过着物质充裕的生活，但是还能依靠一点社会救济维持生命本身。而且，在走访中我们了解到，张某和其妻子、母亲还把一定的希望寄托在几年未回的孩子身上，期望有朝一日孩子风光回来，改变家庭境遇。他们的求乞行为只能归结为社会压迫和自我压迫的总和，但终究因为抵抗不了那种放下尊严的生活，而继续维持以前的模样。

压迫性行为通常有更多的无助性掺和其中。低保家庭受贫困所迫，不能及时解决困扰就会显得无助。他们就会渐渐对某一种相对固定的生存模式特别依赖。这种压迫性行动渐渐成了他们的生活经验，构造了贫困人群的直接行动表现。例如，在走访过程中我们涉及一位贫困大学生的校园生活，他的经验就是只有通过读书才能改变别人对自己的看法，只有读书好了在学校能给不爱读书的人一点好处，他才能交到朋友。事实上他并不喜欢同别人一起作弊，但是为了融入大家，他不得不放弃自己的原则，因为没有几个人愿意同一个没有什么用处的人做朋友。因此，我们可以从中判断出，友情的缺失进而上升到感情的缺失，也是低保家庭内心层面的压迫和痛苦。这种行为范式，渐渐会产生贫困人家与外界社会联系的唯一的通道，并且是他们不得不作出的选择。

也就是说，贫困迫使贫困者放弃尊严领域、原则领域、法律允许领域的可能性很大，只有这样他们才会获得外在世界领域的渴求。这种压迫的后果，就使贫穷的人会有很大的风险失去内心世界的完整性，进而演变成人格的转变。这也正是贫穷给他们塑造的社会经验，即使是歪曲的，也是一种社会经验。

二、焦虑性行动经验

焦虑性行动经验，在这里指的是低保人群因为贫困的生活带来物质压抑，对他们精神层面构成不安、恐惧、焦躁和忧虑的行为模式。而这种模式对他们长期以来的生活反射具有一定稳定性的经验表现。他们的内心时常笼罩在左右为难的处境，问题得不到解决，反复在他们心中造成阴影。他们的焦虑，有的是来源于直接的物质困惑，比如生存、受歧视、受排斥等，有的是来源于他们内心的无助性反应。

生活总是有暗面，美国的迈克尔·施布瓦曾著书《生活的暗面——日常生活的社会学透析》，内容指出，了解自我与社会的联系是分析事物的前提。那么，要分析低保家庭的贫困生活的挑战，就需要了解他们自己和社会压力构建的联系。

人或群体在面临压力与挑战的时候，若是解决不顺或心理认知不当，就很容易产生焦虑。而焦虑性行为指的就是因为外在或者内部阻力而给心理层面带来了恐惧、焦急、不安等情绪，个体或群体本身感到不适应。这里是说，低保家庭因为自身的弱势地位而在心理层面自觉得低人一等，凡事都有众多不足之处，因而时常在人际、融合的层面会有不良反应。这在许多走访案例中都有具体表现。

（C－SM）低保户家庭主要劳动力孙某在失业、家庭陷入贫困后，每天都出去找工作，但都是临时性工作，并且报酬很低。他的妻子生下小孩两年，家中没有其他亲人，只得在家带孩子，因而空余的时间特别多，没事就催促丈夫找个靠谱的正式的工作。两人本来很和谐，但是后来时常因为工作的事情吵闹。孙某本人也很着急，想不透为什么就突然找不到工作，因为养儿开销很大，最后孙某的家庭沦落到领取低保金来充当部分的生活开支。过了一段时间，孙某找到了正式的工作，但是因为工薪不高，也看不到很好的前景，就经常跳槽，这样更加容易刺激妻子的情绪。妻子时常与左邻右舍在一起抱怨丈夫的无能，丈夫也偶尔跟朋友诉苦，说怎么就沦落到领取低保金来生活了，觉得面子上很难看。总之两人成天无不在担心之中度过。这种焦躁不安的延续性很明显给这家庭带来了很多不必要的消极影响。

上述案例中，孙某的反复与徘徊心理是受困于他们的低保生活的。很明显，这种反复与徘徊，左右不定的生活选择，给他和他的家人渐渐带去了心理层面的安全感缺失。人一旦缺失安全感，就自然而然滋生出焦虑的心理经验。

在他们的内心深处，那种渴望回到刚结婚时正常生活状态的心理期盼很强烈，但是因为贫困失业突然之间带来了诸多不顺。案例中我们不难看出，孙某的家庭最终产生了这种焦虑性行为。其实，找不到工作都是暂时的，只要度过这个坎就会有所转变。而其妻子因为外在的养儿压力导致经常催促的埋怨心理严重，丈夫最终也出现了面子上挂不住的心理。在走访过程里，我们发现，因为这些原因，让他们的交往圈子大大缩小，他们渐渐变得没有朋友可以聊天，时间多余下来就只能继续担忧。对于他们，摆脱焦躁心理，渐渐走出这种低保的帽子所带来的压力和无助感，是十分急切的。

三、孤立性行动经验

孤立性行动经验和以上两种范畴类似，都有内外两个因素导致。具体的孤立性行动，指的是低保家庭成员在社会交往与社会参与领域的缺失，这是因为贫困给低保群体与正常的社会群体划分了一个明确的界限：一者是有钱人，一者是穷人。而这种孤立性的社会交往模式，也给低保群体无形增加了一种行动经验：社会距离扩大化。

正常的社会参与是应该建立在一个平等的舞台机制上面的，低保群体也拥有这项基本权利。而贫困给低保家庭成员带来的这种边缘化，破坏了原有的社会平等机制。这次走访过程里，我们发现了这种孤立性行动经验，不仅和社会的外在边缘化有关，也和低保群体的自我封闭有关。

（C－XC）小陈，1982 年生，初中学历，中学毕业后因无心学习而没有继续学业，一直没有稳定工作。父亲 1956 年生，初中学历，因精神有疾病而无法工作，无业在家，原单位给予其每月 400 元的补助。母亲小学文化程度，通过居委介绍，得到一份扫马路的工作，工作比较认真，肯吃苦肯做事，还获得过先进的荣誉。小陈读书时就是比较贪玩的孩子，朋友多为社会上的不良少年，没有好的伙伴，学习很差。从小母亲就溺爱孩子，父亲由于精神疾病也从不教育他。2004 年，小陈患上糖尿病后更加自暴自弃，不注意身体导致严重休克，被亲属送至医院好不容易才救活过来。此后并发症导致其右眼白内障，视力很差，虽经过手术但已难恢复，加上不爱惜自己的身体，医生说他的身体状况和中年人一样。其亲属对他们家起初比较关心，但小陈从不知道悔改，仍不注意饮食禁忌。他对父亲的态度很差，吵架起来会把家里的东西都砸烂，亲属多次帮其修补，但不久之后又会被砸烂，久而久之，亲属对其的关心和帮助便不再如从前。

小陈的案例原本属于一种行动受迫，也就是压迫性行为，但是他的家庭的贫困给他带去了深刻的心理负面影响。通过案例，我们不难发现，从原本的家庭困难的状况到后来的疾病困扰，从父爱缺失和母爱泛滥，从社会影响到亲属冷漠，都对小陈的心理造成了很大的挑战。他无法找到适合的方式排解内心的孤独，无法找到适合的人群宣泄自己的情感渴求和疾病苦痛。这样，在这种内外因素的双重压迫下，他的贫困挑战就可以归结为一种新的理念模式：孤立性行动经验。

我们通过深入和小陈的对话，发现他自己内心深处并不喜欢和那些社会上的朋友在一起，反而更加向往学校的正常学习和交友生活，但是他心里觉得自己是坏孩子，配不上学校的同学。同样，他也坦言过，在学校曾受到过别人的歧视和孤立，有些活动男生女生都不会主动告诉他。小陈的自暴自弃行为，也是内在方面给自己与社会竖起了一道隔离墙。他的亲属层面，则是作为外界社会的孤立行动。

总之，这两个层面在孤立贫困人群中同时发生作用，使得贫困人群的孤立性生活经验增多，使得他们的内心缺失面积增大。他们的隐蔽世界，在渐渐形成丰富的贫困生活经验的时候，都显得很是消极和被动。因而关注这个层面十分必要。

四、无奈性行动经验

要了解无奈性行为，我们先看几句走访语录：

“没办法，没办法，改变不了的，试过的，都没有用……”“我们只能放弃孩子上学的机会，毕竟百事孝为先，必须得花钱把母亲的病看好……”“哎，这个社会就是这样，看人总是戴着有色眼镜……我们自己呢，心有余而力不足……”“最后还是离婚了……这样生活在一起不仅仅是物质困难，就连内心深处都感到很折磨……”“社会机构啊，那个帮不了我们什么，我们就这样过吧，就这样过着，反正政府不会让我们饿死……”“没钱了，没钱了只能去居委会要一点，我们自己也觉得没面子，但是有什么办法呢，没有文化，一般的单位又不要我们，我们只能得过且过啊……”……

在这些谈话记录中，我们很能清晰地感受到低保人群的无助和无奈，也就是别无选择的一种精神叹息和行动受阻。无奈性行为在这里指的是，低保家庭成员因为巨大的物质和精神困惑，而无法作出相应的积极回应，带着得过且过的态度去生活，时常感到无奈和无助，但并不付诸行动或者很难以个人的行动来改变状况。

在这次走访中，我们记录了很多这样的话语，通过整合资料，我们发现，一般的无奈性行为首先表现出内心的无奈，然后才折射到他们的生活经验上面，久而久之，就形成了一般低保家庭成员的固定的生活经验。他们凭借着这些经验去应对生活压力和精神空洞。

无奈性行为，通常和压迫性行为、焦虑性行为三者合为一体。也就是说，在贫困作为挑战的低保家庭面前，他们首先因为贫困而感到压迫，当这种压迫让他们感受到无法改变的时候，他们就会被逼着去做些什么事，比如实在没有饭吃了就去居委会闹，实在没钱给孩子读书了就去卖血等。这种压迫性行为上升到贫困者的心理感觉上，就是一种无奈性行为，因为在他们的意识里面，这是不得不和唯一的办法。至于焦虑，中间必然时刻掺和着，没有人在诸多的压力面前会始终平静下去，更何况是衣食住行都不得完全满足的低保户。那么他们内心对此是怎么认识的呢？

第四节　贫困认知：贫困作为挑战的态度选择

什么是贫困认知？在这里，贫困认知指的是贫困人群针对自身的贫困生活给他们带来的外在世界和内部世界的困惑，而作出的一种观念判断、思想认识和自我定位。贫困作为挑战，给低保家庭的隐蔽世界带去了很多不为人知的行动经验。了解到了贫困作为挑战的低保家庭都一般有着哪些生活经验以后，我们再进一步去探讨贫困作为挑战的态度选择问题。就是说，低保家庭成员在面临自己的贫困的时候，主观上是倾向于什么样的态度。在整合走访资料的过程里，我们初步归结为四大类别。

一、悲观态度与感性支配

悲观情绪是低保家庭最容易产生的一种面对贫困的态度。吃了这顿没下顿的日子，谁能忍受得长久？这种悲观态度是低保人群面对贫困生活首先作出的一种感性的思维支配。也就是说，这种悲观往往直接来源于对现实世界的感性感受。但这个只停留在表象，深入探索低保家庭成员悲观情绪的切入点在于，是什么样的贫困遭际让他们感到内心的悲观。

大部分走访案例中的案主都表示，“政府虽然实行了城市居民最低生活保障制度，但是我们的生活里面有太多问题都难以照顾得到，一年到头，谁家不出几个要钱的事情?”这是被走访的一家姓郑的女士说的话。

（C－ZNS）郑女士今年30岁，丈夫于前几年车祸去世，她一人抚养两个孩子在F区生活，家中还有丈夫的母亲和父亲，自己父母倒在老家，由弟弟和弟媳赡养。通过交谈，我们了解到郑女士生活上的艰辛，虽然公婆都满口夸她是个孝顺的媳妇，但是她自己却一天天难以支撑下去了。自从丈夫去世后，她一心带养两个孩子，并无心再婚，公婆年迈，没有工作技能和能力，家中已经靠低保金生活了两年。

郑女士说，她的悲观情绪在丈夫去世的那几日就有了，若不是还留着两个孩子两个老人，她自己也早就跟着去了。她说，现在的工作也是全凭加班辛苦赚钱，而女人的体力又很难维持长久，家中孩子或老人一病，就总得借钱，孩子还都不到10岁，这种日子实在是没有什么希望了。

即使无奈，郑女士也没有想抛下一切自己去生活的念头，成天只有麻木地持家和工作，心里的话从来都不说。就是悲观的话也一句不说，全都藏在心里。这个案例对我们印象深刻，且不说同情的因素，从制度层面，郑女士一家该领取的低保金都领了，从生活层面，先前的积蓄都给丈夫做最后一个手术花完了，原以为还有一线生机，但是却终究让人失望和悲伤。郑女士的内心深处有太多生活压力和情感压力的双重笼罩，这种沉重的负担，是对她造成日渐衰老的外在力量。而悲观情绪的宣泄，必须是让她看到希望才行，因而，只得等两个孩子再大一些，或许她能得到一点安慰。

由此可见，在思维领域，感性支配对她关于贫困的认知往往囿于悲观层面。进一步推展到社会贫困群体，也是如此。一种压力给人带来的第一感觉就是令人丧气，这种沮丧心理就是低保人群关于他们的贫困的第一感觉认知。

二、乐观态度与理性支配

乐观与悲观相反。人在面临困难的时候，首先在心理上会产生一种悲观或者乐观的第一应对感觉。但乐观层面的判断，有时候是经历过悲观态度的转换，在这个过程里，就有一个理性思维的支配起了作用。根据个体的抗压能力和性格因素有所不同，在调研的50户低保家庭资料中，我们初步统计了一下数据，大约有34%的低保家庭开始的时候是持有乐观的态度，尤其是青年少年，觉得奋斗之后将会改变命运。48%的低保户持悲观的态度，他们认为自己就是低保户，就是低人一等，无法改变自己的命运，没有能力也没有机会，只能过着眼前依靠零星收入和社会与政府的救济而生存。这显然也形成了一种自主性社会距离和自我标签意识。余下的9户人家，持有着摇摆不定的态度，他们是间接性的面临态度，一段时间有工作和生活状态了会觉得信心满满，一段时间遭受例如孩子上学缴学费、家庭意外变故、亲人死亡等困难，就会显得特别消沉。

这样的比例其实也存在着结构的不确定性。大多数的贫困家庭都有过悲观和乐观共同组成的态度选择，但是最终几乎还是陷入贫困。因此，悲观心理更值得推究。乐观显然是低保家庭面临挑战难能可贵的精神面貌和应该有的精神面貌。

（C－ZB）赵兵夫妻二人养有一子，大学毕业不久。前几年老赵下岗失业，在找工作的过程中出了车祸，失去了右腿和工作能力。赵某妻子在服装厂打工，家中积蓄都给赵某手术和儿子读书耗尽，现在她所挣工资加上低保金才刚刚勉强度日。但是儿子又面临就业的压力，夫妻二人便陷入了焦急状态。但是赵某的儿子却积极乐观，通过安慰父母，平定了父母的担忧，也很快找到了一份不错的工作。他们的家境现在慢慢变得好起来了，不需一年就能脱离低保群体。

我们整合了所有持有过乐观态度的案主，发现他们首先生活并没有贫困到很严重的地步，其次是他们的生活或多或少已经有了转机的迹象，最后就是因为子女的成长给家里带来的精神动力特别强大。像赵兵的家庭就是如此，儿子赵林受父母之恩刚刚大学毕业，工作已经开始慢慢进入正轨，也已不向家中要取生活费。因此，赵先生夫妇二人都还乐观，觉得今后的日子都还好，他们一定能够等到不用领取保障金而被同事邻居看不起了。赵某儿子的理性支配使他们全家关于贫困的认知，都重新做了衡量。

其实，贫困给他们带去的就好像是一种无形的羞辱一样，他们觉得贫穷是没有用的象征，是没面子的象征，这种心理既是生活经验，又是行为范式。只要保持阳光积极的心态，就会多一份解决贫困的力量。

三、消极选择与剥夺情绪

从以上的资料中我们可以看出，大多数的贫困家庭在面对贫困的态度上，都表现出困惑的精神状态。他们不仅要承受这种贫困本身，更要默默忍受着内心的困苦。消极选择指的就是低保家庭成员因为贫困受挫而产生了悲观态度作出了消极的思维定义和行动机制。我们通过整合走访对话，归类出他们内心消极感受的一条脉络：依附感—距离感—排斥感—污名感—内心世界的贫困恐慌。他们的消极情绪可以被综合为剥夺情绪，也就是说，这些消极的负面的判断选择，让他们有一种被剥夺的情绪。

依附感在这里指的是低保家庭成员因为焦虑、无奈等思想而没有对自己的贫困境遇作出积极的行动努力，而是依赖于低保金（福利救助）的一种生活态度。有的表现为依附社会或者团体，有的表现为依附家庭或者学校。他们通过接受政府或社会的援助，从而能够生活下去。但长此以往，他们就对政府与社会团体形成生活依赖，变得有些失去行动能力，有些主观上自我改变意识的缺乏，这就是依附感。他们自己因为在主观上产生“寄人篱下”感觉，就会在心理层面上形成一种自我色彩，那就是“我就是那个被救助的对象，我是穷人，政府应该帮助我去改善生活”，有的人甚至说：“政府搞了那么多年的社会保障，也应该有一个完备的体系，使我们这些穷人免于饥饿、求学、看病等困难了。”这就是他们渐渐形成的一种消极的距离感，觉得原本就和社会脱轨，那么就在另外一条轨道——贫困轨道上生活。

（C-ZXS）张先生经常酗酒赌博，不务正业，每个月都会去找居委会麻烦，以“领钱给儿子买书”为由向居委会索取福利支持以外的资金援助。而他的儿子小张，因为是单亲，是低保户，父亲有前科，时常感到在同学面前抬不起头来。小张的交流也时常被抹上一种“坏蛋的孩子”的无辜压力。他时常感到恐慌无助。

小张和老张正是两种不同模式的消极选择表现。老张是依附心理和距离感的组合，小张是排斥感、污名感的和内心世界的恐慌。但是问题往往不止如此。很快，他们会发现排斥感更是往心理层面的打击。他们活在相对封闭的小区，不涉外事，偶尔出去了仿佛不知外面的世界是怎样的，他们的交往问题成为贫困问题的引发问题。其实贫困问题引发了一系列的问题，这些压力都毫无例外地压在了低保家庭的身上。有时候他们走出去，会有一种污名感的存在。污名感，是对低保家庭的一种偏见，认为他们是社会低等人物，是一种错误的标签意识，充分存在着人人平等的理解缺陷。有案主曾说，"看着街上的乞丐就会立马想到自己，自己不过是还有几片墙屋遮挡耻辱。"他们内心里面极其不愿意把自己当作乞丐来看，但是"如果不伸手向居委会要钱，那这几天就得饿肚子了……"

以上的环节形成了一种坚固的循环系统以后，所有贫困家庭都坦言，他们的内心世界都有一种恐慌的症状："明明孩子该上学了，却实在没有办法……下辈子是个富人还好，是个穷人便再也不能生下一个孩子让他吃苦了……""我最大的不孝，是老父亲去世那年，因为工程竣工当日十分繁忙，但是也就是几百块钱的一天，却没有回去看老人家最后一眼……妻子说，老父亲走的时候还惦记着孙子的上学学费……"

他们对于低保金的稀少、对于改变现状能力的有限、对于意外来临的太突然、对于孩子长期的发展，都隐隐地存在着众多的压力。所谓的积极只是一种可有可无的安慰，而消极的状态是他们长期贫困的精神困惑。

四、积极选择与掌控情绪

有一个词语叫"一雪前耻"。积极选择指的是低保群体在面对贫困挑战时候的一种主动掌控情绪的态度。大多数的低保家庭都把自己的贫困当作难以见人的事，也的确，物资匮乏毕竟不是一件光彩的事情。因而还有一些低保户在内心深处饱受鞭笞的同时，渴望积极面对，改变旧贫穷的世界。这也就是所谓的低保家庭的认知重构的过程。对贫困挑战持有积极的心态，能够更好地实现对他们的自我认知重构，寻求内心心理层面的正常化，帮助他们谋求正确的价值观和未来发展的思维引导。

我们从探讨贫困作为挑战的低保家庭的生活经验出发，到了解到他们对这份贫困生活持有积极主动的改变动机，是十分有意义的。这不仅对于他们自己脱贫直接有益，更对以其他模式的消极应对心理的低保家庭成员，有着很大的借鉴意义。

（C－LNS）卢女士，就是一个十分积极实现脱贫的例子。她有独子即将大学毕业，丧偶。我们听听她的自我阐述："我儿子小的时候身体不好也一直要看病，因此呢也花掉了一些钱，在外面也借了一点钱，但是我和我的老公都很节俭，老公人也勤奋，所以很快还清了债务。我们的生活虽然苦，但是也还算比较幸福。可是当我儿子初中毕业的时候，1999 年丈夫突然出了交通意外去世了，我觉得自己的人生好像一下子失去了重心。在 2000 年的时候，居委帮助办理了低保，孩子的生活费得以解决，同时我也上上班，赚点钱，再靠着他父亲的赔偿金让儿子念完了大学。现在儿子已经实习了，就快要毕业了，呵呵。"

卢女士坚信自己的生活会随社会发展和儿子的成家立业而不断上升的。儿子很体谅母亲含辛茹苦将自己带大，很孝顺母亲。这种积极层面的贫困应对态度，是有一个漫长的过程的。通过深度交谈，我们也了解到，卢女士在这些年中也有过部分消极应对态度，像她也有过依赖福利救助、也曾有过污名感和排斥感，但是她始终教育儿子，和儿子一起积蓄正能量来正视他们的低保生活。时间过去十几年之后，卢女士的积极的生活观念得到了儿子和现实生活的回报，现在她的生活已经好转了很多，已经走出了低保户的生活。

她的案例对于其他低保家庭来说，都有着十分积极的学习意义和借鉴经验。她的自我情绪掌控帮助自己实现了脱贫的精神动力集合，原本贫困就是一个时间长有所跨度的困难，因而想要解决贫困带来的各种挑战，就要首先从内心层面树立强大的拼搏心态和自信心态，相信有朝一日自己能告别一切贫困所带来的物质生活束缚与精神空间的压抑。

第五节　社会距离：社会排斥的镜像与反射

社会距离指的是低保群体因为贫困而与非低保群体产生的一种地位和观念的等级差别，这差别造成了他们交往的隔阂，使他们之间的融合变得少之又少。

从低保家庭的贫困压力角度去透析他们的生活经验与自我认知后，我们还需要建立起一个内部世界和外部世界相联系的思维切口，如此更加微观地联系起低保家庭成员的发展和社会的关系。正如迈克尔·施布瓦在《生活的暗面——日常生活的社会学透析》中所说，我们需要构建起贫困挑战家庭的压力结构的内外部联系，这样才能更好地认识低保家庭的内心世界和需求。我们还是从主观与客观层面来探讨低保家庭的社会排斥现象，这个话题已有众多学者和专家作过调查和分析，今天，我们要在他们的基础上，去挖掘贫困家庭的社会交往系统。

一、自主性社会距离

社会距离指的是低保家庭成员因为贫困压力而于正常的社会交际领域产生的一种相互不了解和隔阂的距离，他们之间会渐渐形成一个交流的空洞，这个空洞就解释为社会距离。自主性社会距离，正像刚才在贫困对待态度中所说的，他们因为依附外界援助，而变得失去了主客观层面上的行动，也就是思想行动和实践行动。

（C－ZMFQ－1）张某夫妻二人，失业以后没有固定的工作，加上独子因为癌症于1年前去世，二人长期思子心情日益严重，开始还和邻居们倾诉，到后来，就再也说不下去了。这种情形甚至有点像小说中的祥林嫂，众人觉得新鲜的时候可以可怜她的时候，她就会不断地诉说着自己的悲痛，但是长此以往，人们都知道了，不觉得新鲜了，一个也不愿意听下去，一个也不愿意说下去了。大家都有自己忙碌的生活，只有他们因为失业、年老、丧子等生命苦痛，而余下大把的时间在那里哀悼着。半年之后，张某夫妻二人就显得老了很多，不愿意与周围邻居来往，也不愿意出门，主动减少交往。他们觉得，再多的交往都不能还他们一个完整的儿子，完整的生命。这种自主性社会距离，不仅在情绪上对他们造成思想压力扩大化，也在实际的生活中，减少了他们能够改变贫困命运的机会。他们也是属于依附性的贫困家庭。

张某夫妻二人的自主性社会距离是一种传统文化在当前低保家庭的贫困生活挑战面前的延伸。这种思维模式，是一种主观上不自信的表现，是一种心理层次的自我价值迷失的表现。案例中，二人无法接受现实世界的痛苦，他们既不能接受儿子的离世，也不能接受物质生活的贫苦，还不能接受左邻右舍的默默远离。整个走访过程中，我们都没有听说过他们有特别的内在动力。张某只淡淡地说了一句“孩子不在了，低保金能养我们，邻居们都不会长远对你好。我也不需要这样的邻居过多地走进我的生活”。张某的自我封闭与主动性社会排斥，其实是一种贫困挑战在人际交往和社会参与角度上的反映。他们的贫困不仅仅是生活贫困，更是精神匮乏。

这类自主性社会距离产生的具体原因有很多微观层面。在这次案例走访中，我们发现，自主性社会距离是一个长期过程的结果。他们在日渐丰富的低保生活经验之中，对自我的贫困认知最终形成了一种固化的认知缺陷，也就是许多负面情绪和消极面貌所产生的自我价值定位偏离。这种价值定位的偏离，最终从内部世界的无所依托扩展到外部世界交流空洞。他们自觉地与正常社会阶层保持一定的距离，不仅表现在穷人和富人的价值心态的区分，而且他们还会从内心深处自我觉得外界社会是对他们排斥的，他们好像很“识时务”，不愿意建立与外部世界的沟通，进而主动减少和外界联系。长此以往，贫困者将带领他们的贫困与社会脱离更远，获得发展的机会将直线下降。因此，重新构建社会交往系统是贫困家庭与外界世界联系起来的必要手段。

二、被动的社会距离

人们都说，社会上形形色色的人都有，殊不知，每个人看待别人都是戴着一副有色眼镜的。只不过有的显得温暖，有的显得冷漠。继续以张某的事例来说明，他们在面临失业、年老和丧子之痛的时候，显现出的消极和悲观的生活态度很快让周围人不适应。因而，他们的“听客”也越来越少了，大家不愿意听他们不厌其烦地说着感伤的事情，不愿意好不容易有的休闲的生活却被这种氛围笼罩。因此，大家在思想和行动上，也缩小了张某夫妻二人的交往活动空间。只不过还是邻居，就把他们当成“可怜人”来对待，并不真心去替他们感受。

（C－ZMFQ－2）张某妻子说，最好的同情就是如果儿子没有离开这个世界。

其实这已经不可能的了，但是他们却因亲子之情和社会外界的生活烦恼、交际空洞、资助冰冷而与社会产生莫大的隔阂。这隔阂更多的是一种对贫困人群的边缘化态度。一定程度上，贫困人群都不大适合归类在普通人们的生活之中。这就是最隐形的最悲哀的社会排斥。大家不支持你，可能在行为上会直接说不和你交往，但是在心理上，一些社会人群滋生出了不把他们当作正常人类来看待的想法。这是一种莫大的社会悲哀，在此不作过多讨论。

其实，被动的社会距离就是一种社会群体对贫困群体的孤立化与边缘化。正常社会群体的运行机制之中，很难融入过多的贫困人群。因为贫困人群的确存在着知识框架和行动能力的缺失。这也是贫困人群作为弱势群体的弱势的表现。

社会在如何看待低保人群的态度，是当下社会学研究的一个敏感话题。那么，社会工作的崇高价值理念是否可以从关爱弱势群体的物质生活健康发展，延伸到关爱他们的精神生活和心灵困惑，都是值得深入探究的。但是，很明显，社会主动排斥贫困等弱势群体的现象依然普遍存在。由于低保人群的资源匮乏，导致了他们的教育不足、物质生活困苦、人际交往欠缺、思想落后、精神压抑。普遍性的表现让低保人群陷入了天生的劣势地位，他们也就很难被大众接受，从而最终导致大众排斥这样的弱势群体来参与生活。因此，破解结构性社会距离的难点，就在于构建一套新的社会交往系统与新的弱势群体价值取向。这是实现社会公平的积极渠道。

三、结构性社会距离

除了案例总结，我们在本书写作过程中，也通过阅读书籍和思考，归结出了另外两种模式的社会距离，这就是结构性社会距离和冲突性社会距离。结构性社会距离指的是政策机制导致低保群体和社会非低保群体之间的交际空洞。当下，我们国家的社会保障制度已经有了很大的进步，但是还不足以解决到方方面面的低保户的问题。而且，我们国家的社会保障制度也更多地侧重于在物质层面对贫困人群进行帮助，他们的内心世界还没有得到广泛的关注。不少研究者都已看到这个制度缺口，但是还没有一个权威的观点来对此进行概括。

著名社会学家唐钧先生概括的我国低保制度的三个标准是，第一层次的贫困界定为生理需要的食物短缺，第二层次是对前者的延伸，涉及衣食住行的基本条件的缺乏，第三层次指的是物质上的、社会上的和情感上的匮乏。我们在此侧重于第三层次的探索和研究。而结构性社会距离，就是从这三个方面逐一产生的。

结构性社会距离要求政府在政策层面制定一些措施，帮助低保家庭改善生活，增加文化发展的权利，营造积极的社区氛围。通过这些软文化的构建，来深入低保群体的内心，让他们拥有乐观和积极的自我价值的判断。缓和结构性社会距离，也主要是从政策角度出发，配合社会群体和低保家庭双方面的努力，从而更为有效地解决软件问题。

四、冲突性社会距离

冲突性社会距离，指的是低保群体因为内部条件和社会群体的外部条件带有一种本能的冲突，从而使得这些带有冲突的贫困人群很难参与到社会中，很难获取社会资源，也很难在社会上得到相应的尊重。冲突性社会距离往往表现在特殊领域或者是因为特殊事件而引起的，不具有广泛性和代表性。但是冲突性社会距离往往却在短时间内造成很强的社会压力。它所延续的时间长短不一，具体可针对冲突事件和双方调解的成果来看待。

(C－TT) 民工团体是一群卖体力的建筑工人，生活紧凑，常年跟随公司各个地方周转。但是公司已经欠下他们两年的工资了，因为矛盾累积，在一次年关前夕，他们愤怒地毁坏了公司的一切财产。这件事也上了新闻，当事人唐某就是此次走访的对象。他说："我们都已经借钱来跟着公司打工了，现在还不给工资，日子没法过。"这件事情产生的影响，就是次年春节，很多地方的民工都不愿上工地去，很多建筑企业都进入停工状态。

这本来是一起企业社会工作案例，但是，这也可以解释为冲突性社会距离。由于贫困的民工和建筑公司之间的冲突，而产生了广大的民工对于建筑公司的失望，导致很多行业陷入动荡阶段。这种民工和企业的社会距离，也是因为金钱直接诱发的。其实，还有如宗教问题、民族信仰问题，都可能引发冲突性社会距离。最著名的就是“切糕”事件。切糕事件是一项冲突性社会距离。事件的本身没有涉及贫困话题，但是事件的性质却让人们对于一种饮食和民族之间产生了距离感。

(C－XL) 小李是低保家庭的一名大学生，本地生源，在学校申请了贫困家庭补助，每年可以拿到学校和政府的补贴3000元。而他的室友小张是外地生源，也是通过贷款上大学的，但是他家里没有达到低保的水平，只能说是相对贫困。小张学习十分刻苦，大一每学期都拿到了一等奖学金，是2000元。这样，小张通过了解到小李的“不劳而获”而愤愤不平，觉得学校的政策对本地生源有所倾斜。因此，二人之间本来友好的距离，现在变得渐渐疏远了。

这个案例同等以上所述，两个贫困家庭因在校的政策影响下的利益冲突，而产生了一种同学之间的嫉妒心理。这种嫉妒心理就会造成一种利益冲突。因此，我们也可以说，冲突性社会距离的产生根源是利益的冲突，如果没有利益冲突，那么也无所谓冲突。其实，从更加广阔层面上来解释冲突性社会距离，它是指不同的成因导致的冲突，而表现为某一具体的冲突性社会距离。比如说政策冲突、民族冲突、宗教冲突、个人兴趣爱好冲突、利益不可共享的冲突等。

冲突性社会距离作为以上三种社会距离的补充，具有一定的研究意义。因为社会保障体系的目标是建立一套公平和平等的社会保障制度。而且，了解冲突性社会距离，有助于更加全面地了解到低保家庭深层次的贫困需求，这样就会多一个为解决贫困挑战作出的可能探索。可以说，与社会距离相伴产生的社会排斥现象日益严重，而有关社会排斥对低保群体的内部世界影响和折射课题，也是揭开贫困挑战的一条路径。

第六节　社会危机：低保家庭的隔离化、持续化、依赖化趋势

贫困给低保家庭带来的挑战，反映到生活层面、精神领域和社会距离，这种由内部到外部的研究思路与以往研究不同，以往的研究更加侧重于贫困给他们外部世界带来的压力系统，也没有内外结合地去看待贫困挑战问题。以上我

们也说过，主观和客观的层面使得低保家庭的人际交往圈子渐变缩小，甚至缩小到类似张某的仅限于家庭内部之间。这种社会距离带来了三种性质的社会危机：隔离化、持续化和依赖化。

一、隔离化与夹心化危机

隔离化，指的是因为社会距离而给低保家庭成员带来的与外界社会有着一定的隔离，从而产生一种边缘化的生活模式，使低保家庭很难融入正常的社会圈。也就是以上所说的社会排斥的镜像与反射。从案主经验到认知，贫困从物质压力的基点开始对他们内心生活进行腐蚀。隔离化的形式表现就是夹心化，就是指低保群体与社会群体间夹着一层隔膜，双方相互融合的地方很少，社会似乎被分成两个不相干但是相近的群体，这是十分危险的。

(C－W) 王先生今年 47 岁，自从三年前车祸落残失业以后，就开始和妻子过着领取低保金的生活。妻子有老病根，收入菲薄，王先生渐渐感到命运不堪，常年在家待着觉得和外界世界隔绝了，心里也觉得朋友都走远了，不再联系和关注他们。王先生就觉得，自己不该走出自己的屋子，因此拒绝人工腿，拒绝重新回到社会圈子。妻子也不善言辞，丈夫说什么就是什么，两人的生活从中年就开始变得黯淡。

很明显，王先生是因为被一种低保的弱势群体概念压迫了，自己觉得自己无法重新融入社会，长久的残疾使他一定程度上和外面世界联系少了。但是在走访中我们了解到，王先生很爱面子，觉得仅仅依靠低保金来生活，是一件很不光彩的事情，在朋友面前抬不起头。

(C－ZMFQ－3) 张某说，自己留下的唯一的希望都没了，生活太没意思，人情冷淡，大家都不会关注一个没有儿子没有工作的人。

我们可以看出，很多的低保者都很在乎自己的物质生活的缺乏，他们本身也是如此。觉得自己面子上挂不住，不想以及很难和别人融为一体。这种隔离化开始形成一个缺口以后，就慢慢拉了开来，也就是隔离化越来越严重。从个体的隔离化到贫困群体的隔离化，从地区的隔离化到覆盖城市的隔离化，从单个行业领域的隔离化到众多行业领域的隔离化等。那么，贫困的挑战给低保人群带去的社会距离就无形当中从微观的角度上升到宏观的角度，渐变成了社会问题或社会危机。我们通过走访对低保人群的隔离化进行了时间跨度研究，发现这种趋势仍旧在上升。比如丧子的张某夫妇二人的社会距离，就有一个演变的过程，他们日渐走向孤独和无助的深处，是城市贫困人群内部世界的莫大悲哀。放在个案程度看待，这是家庭的衰败表现，但是拓展到整个社会领域，我们不难发现，低保人群的隔离化已经演变成为了一种城市生活陌生化的代言。

陌生化就是指人群之间冷暖自知，没有相互的关注和问候。而社会的陌生化问题是对低保人群生活关注和发展的阻力之一。因此，社会保障制度在此背景下的拓展和深入就有了压力，低保家庭人群就更加难以迅速解决物质烦恼和精神压抑。在案例（C－ZMFQ－1）、（C－ZNS）中都不同程度地体现了贫困给社会群体之间划分的社会距离，这种距离在生活世界和隐蔽世界而言，对贫困群体的负面影响十分久远而广阔。

作为社会危机的隔离化，打破了传统的大同世界思想和我国的和谐发展的要求。那一层夹心就是低保家庭参与社会的阻力，也是社会方面对低保群体的排斥力量。

二、持续化与同心化危机

不仅如上述表现，社会距离的隔离化程度越来越高的过程中，就是因为时间上的跨度渐渐大了，小问题演变成为大问题，相对狭窄的隔离发展到更为广阔的社会距离，陌生化程度越来越高，社会关注渐陷低迷，社会支持系统也面临着巨大的挑战。社会支持是指一定社会网络运用一定的物质和精神手段对社会弱势群体进行无偿帮助的行为的总和（宋宙红、邓远平，2011）。

显而易见的是，低保人群面临着广阔而持久的支持领域缺陷，他们受到的关注限制在有限的物质生活范畴，没有涉及与延伸到心灵层次的需求，这对于弱势群体的健康发展是极为不利的。也可以说，正是社会物欲横流，贫困的人群才不得不持续被动地接受着更加巨大的物质烦恼，进而忽视了内心的召唤。长此以往，贫困人群似乎都失去了精神生活的追求权利，这是扭曲人性的社会问题败露。

(C－CNS) 陈女士，46 岁，养有独女，现在 19 岁。因为家庭贫困而导致女儿上学学费的困难，现在陈女士正在为女儿做思想工作，因为她们的低保金和零星的收入不足以维持整个家庭生计和学习开支。陈女士对女儿谆谆告诫说："我小时候读书也很好，我也很渴望读书，但是上面有三个哥哥，你外公根本无法承担起这样的压力，因此就放弃了我。你也知道，女子无才便是德，女孩子家，总归以后是嫁个人的，只要你嫁得好，读书不读书都没有什么不同。"但是陈女士的女儿却十分渴望上大学，而且她才华都特出众。她现在只是希望女儿跟她一起学习服装织布，至少可以改变家庭的收入状况，至少可以不会白白地养着一个人了。

以上个案是一宗典型的性别歧视、责任推卸和贫困压力导致青少年失学的社会问题的案例。在案例中，显而易见陈女士的观点是保守的和传统的，是落后的和愚昧的，同时也是懦弱的。她剥夺了女儿追求教育的权利，因为生活的物质烦恼和挑战，她首先作出的价值判断和选择是放弃女儿的前程，继续走自己的路，她在人格上没有尊重女儿的权利。其实，我们通过暗访陈女士的女儿也知道，她的内心是十分渴望梦想成真的，也十分愿意去改变家庭状况。但是她的内心已经和固执的母亲无法沟通，两人之间言语减少，她似乎把失望变成了绝望。案例到此，可以发现，这不仅仅是继承前文所述的压迫性行为、悲观情绪、消极选择、社会距离等综合贫困给低保家庭成员带来的内心挑战，给他们的隐蔽世界带来的综合性压力，也还佐证了，这种贫困认知和应对心理与选择，对贫困家庭的影响只能是持续化的。

从陈女士的本身角度我们就可以看出，她没有读书，也没有改变自己的贫困。那么陈女士何以见得女儿不读书就能够生活得很好呢？相反，陈女士的女儿认真勤奋、品学兼优、坚信理想，她本来是一个积极的贫困应对者，本来是一个顽强者，但是因为母亲的认知缺陷，她不得不在这个家庭里面作出让步和牺牲。只是这种让步和牺牲的框架，就形成了一种隔代的同心化的贫困遗传。在前文的部分案例中，都可以找到同心化的影子。

持续化对于贫困的反馈影响程度无疑是日益加深，比如作为残疾人的低保人群，在时间跨度上会给家庭带来的压力越来越大，比如子女上学成了问题的家庭会形成下一代贫困的根源，比如医疗保障不完全的低保群体会使得病情拖延终致难以医疗，比如就业歧视会对低保家庭带去更为长久的物质生活困难，这些都可能导致家庭分裂和精神摧残，十分不利于低保家庭的生存和发展。这种持续化趋势，会对整个社会造成一种压抑的变态心理氛围，不符合我国的政策转向，不符合人类共同进步的要求，不符合人类健康发展的要求。视社会发展和低保群体发展为一体，才是符合人类的根本利益所在。因此，破除这种持续化贫困阴影的笼罩，有着十分积极的政治、社会、经济和制度等方面的意义。

综上所述，持续化的社会距离会形成一种同心模式的社会危机，就是说，这种低保家庭与社会之间持久的相隔会直接影响下一代的继续隔阂，这样的表现形式就是同心化。

三、依赖化与空心化危机

生活经验指的是低保家庭面对着自己的贫困境况而表现出的一些比较固定的生活行为，他们是在长期贫困之中生活渐渐形成的经验层面。贫困对于低保群体产生的压力支点，使得低保群体在无法积极面对生活困境和精神负担的时候，就会间接转向政府求助，也就是福利依靠。我们国家的福利政策体系还有很多缺陷，目前不足以解决所有贫困群体的各个层面的生活需要。但是，贫困作为挑战在低保群体之间渐渐引申出了一种个人对社会的依赖化。这种依赖化表面是与社会距离相违背的，实际上是相互统一，并不矛盾的。

依赖化的具体形式就是空心化危机。在贫困人群长期依赖某种外在生存动力的时候，他们自我内心动力就会产生严重的缺失，内心层面空乏，就是所谓的空心化。空心化对贫困人群的思想带来很大的伤害，它会麻木人们的精神领域，剥夺人们的正常思维。

正是因为社会距离的日益扩大和加深，低保群体在无奈性、忧虑性和压迫性生活中，转向对政府的求救。这和西方发达资本主义国家的社会福利制度施展压力一样，加深了政府的负担。这种依赖化的生存模式和经验，是贫困给他们带来的心理挑战的结果——他们最终没有克服内心深处的压迫，更多地表现得悲观和消极，本着政府不会让这个群体饿死的态度，在贫困的生活阶层继续贫困下去。这是一种变态的心理认知。

心理健康是指一种高效而满意的、持续的心理状态。从狭义上讲，心理健康是指人的基本心理活动的过程内容完整、协调一致，即认识、情感、意志、行为、人格完整和协调，能适应社会，与社会保持同步（焦岚、于海洋，2011）。在这里是说低保家庭的心理健康。而依赖化正是贫困给他们带去的非心理健康表现。

（C－LW）老王，某小区居民，1970 年生，无业，好赌、嗜酒、单身无亲。无固定工作。没有钱的时候就去找居委，居委能想到办法救助他就得以熬过时日，否则就在家中饿几天再想办法。有过轻微偷窃行为。因为他的前科，不被社会单位认可。他渐渐也发现，居委是不会让他饿死的，居委有时候会主动送上食物和一些补助。

案例中老王的不思进取和一定的个人背景有关。但是，正如前文的 C－ZM、C－XC、C－ZXS 一样，因为贫困和社会本身的隐性机制，让一些低保家庭成员无法找到合适的渠道融入社会，回归社会参与，重新定位自己，他们就渐渐产生一种依赖性的社会经验。而经验的行程固定化以后，就会有一种心理经验模式的灌输。此案例中的老王，就是无奈性社会行为而导致的一种政策依赖或者福利依恋。在走访交谈中他告诉我们："社会还是很冷漠的，我拿那点救济金其实给我的更多的不是帮助，而是一种安慰。我都快对社会失望了，对外面的人更是如此。"可见，他的内心深处是多么孤独、多么不被理解、不被接受。贫困给他带去的内心打击又是何等久远和沉重。我们去分析一下案例 C－ZXS，同样发现，这种依附性的被动选择，其实是有背后深刻的无力感和压迫感的。也的确是社会和个人双重影响下的一种贫困的空心化危机，但是，这种连物质依附都没有着落的贫困人群，又怎么去寻求心理安慰呢？难道当真是做做阿 Q 就好了吗？显然并非如此。

其实，这种依附性的被动选择而导致的空心化危机，还与社会参与起着相互联系的作用。我们可以探究到，这种依赖一旦形成规模效应，社会就业率就会下降，失业率增加，低保家庭内部动力就会完全消失，对于进一步完善社会保障体系和改善城市居民生活条件都是巨大的压力。因而，挖掘贫困给低保群体内心世界带去的无助感和无动力感的源头，是解决低保群体贫困的一个内部切口。逐渐减小这种福利依赖，不仅能够减小政府财政压力，也对政府开展其他福利、把资源配置最大优化有着深远的积极意义。这也在很大程度上对缓解社会贫困危机有着至关重要的作用。

从专业角度出发，只有实现社会和低保群体共同的努力，才能寻求到更大的动力来改变现状。社会工作本身就是助人自助，如若低保群体在内心深处过着寄生虫的生活，那么社会保障体系将有着瓦解的危机，社会和谐发展也面临着内部负作用。

第七节　小结与讨论：社会意义及其政策意涵

一、小结

我们通过走访和整理分析资料，终于完成了本部分的内容。综合以上所述，关于低保家庭贫困的挑战，我们第一次走出大众的宏观思维出发点，直接面向低保家庭生活的微观层面——低保人群的隐蔽的世界即内心世界探索。

贫困作为低保群体的挑战，在外部世界物质日益富裕的同时，自身物质越发匮乏，这种心理反差是大众所没有看到的。这些生活于贫困中间的群体，渐渐地与外界的联系就是领取低保金，毫无其他可言。在他们的生活经验中，外在世界给他们的只有压迫感、排斥感、污名感，给他们带去的是焦虑心理感受、变相寄生的依附关系，他们和外部的世界最终只有一种无法弥合的距离感，这种距离感表现为空心化、同心化和夹心化模式。贫困给他们的心灵带去了远远比物质生活更为痛苦的经历。社会支持系统完全无法打破这一僵局，贫困给他们本身的自我认知层面也造成了严重的消极和悲观情绪，他们的生活经验就是“我是穷人，穷人要过穷人的生活”。

这些隐蔽的挑战，给低保群体的心理健康带去了浓重的阴影，他们自己有时候甚至都无法直接感觉出来，所谓的贫困麻木性就是如此。我们迫切需要一套救助模式，以打开他们内心世界，建构他们内心世界与外部客观世界的联系，让贫困人群融入到社会群体中去，参与社会，分享资源，获得发展。

在机制层面，关于社会支持和就业扶持的工作，是政府就业保障制度在解决低保家庭贫困问题方面的任务。现在要做的就是，政府拉宽对低保家庭就业问题的帮助性计划，也就是把低保的覆盖面做得有所扩展。综合考虑低保家庭物质上的、社会上的和情感上的需求，消解贫困给他们带去的情感压抑，做好宣传工作，普及关注弱势群体的知识，提供贫困人群参与社会的平台。

具体细微地认识贫困给低保人群带去的隐蔽世界压力，从精神层面分析他们的生存状况和生活经验、贫困认知和行为实践，有利于充分认识到不同人的心理需求，是寻求人的全面发展的路径。挖掘贫困人群内心世界，有助于辅导宏观角度对脱贫工作的探索，做到无微不至，做到具体细化，做到方方面面，做到更为科学，做到更为适合，为社会工作实务开展提供最可靠最丰富的案主信息。对于贫困的认知理念重构，有利于引导低保人群树立正确的三观，有利于引导大众积极向上，从而对开展社会保障制度都有着推动力量。关注弱势群体内心需求，是人道主义和科学社会工作研究的出发点，有助于更好地寻求可实施的方法与路径来解决他们的压力，弥补以前研究领域的空缺。

其实，城市低保问题已经是一个长期的外相问题，如何做好隐蔽世界扶助和外界排斥消融，是值得进一步推究的。那么，我们今天发觉了贫困作为低保问题的挑战内部折射，就能细微地做好每一步工作吗？

二、讨论

通过上文的详细复述、概括总结、案例分析和研究反问，相信关于贫困给低保家庭带去的挑战可以清晰地呈现在读者面前。我们在此再作略微政策寻求的总结和概括。

第一，贫困作为低保家庭的一个重大的包袱，这不仅外在地带给他们物质困惑和路径徘徊，更为深刻的是带给他们内心世界的价值判断的犹豫、生活经验的畸形、自我认识的贬低和社会关系的疏远，这些内外机制的形成，对于贫困的人来说是十分不利的。要想转变贫困生活就会变得更加困难。所以说，贫困作为低保家庭的挑战治愈，需要政府和社会群体与低保群体三个方面，都能内外结合治疗，寻求到适合的政策框架和低保家庭的社会发展模式。

第二，我们认为，在综合已有的研究基础上，要对他们的道路探索进行重新整合和规划，把过去一些不适合贫困家庭发展的制度和理念删除，制定有益的、能够持久帮助低保家庭生存与发展的政策。这对于贫困家庭的真正的脱贫是有百利而无一害的。我们要关注他们的物质生活，关心他们的工作、学习、社会交往、孤独感、幸福感、社会参与、自我衡量等层面的需求。只有全面关注到他们的需求，才可能做到相关政策的调整、相关机构的审视。把对贫困家庭的正确的认识和概念判断引入到更为广阔的社会层面，让不利因素和有利因素自然消长，相互包容。让社会群体接受低保群体，让低保群体接受自己的低保状况，让他们相互对外界和内部世界的认知达到更高的一个层次。

第三，低保家庭的贫困确确实实已经给他们带去了无数的生活痛苦和感情痛苦，当理想、亲情、工作、人际交流、学业、婚姻等等社会赋予人类美好的追求都因贫困而破碎的时候，我们要对贫困给人们造成的假象进行清除，要充分认识到贫困究竟给人们的生活带去了什么样的影响。只有知道问题的根源在哪里，才有可能去拔除这个病根。

第四，通过制度设计反馈到贫困家庭的生活上面，才是政府作为政策的制定者和执行者所做的工作的意义的实现。但是政策需要时常调整，以适应低保家庭的发展和需求，不可超前，也不可滞后。很明显，超前会给他们原有的生活带去陌生的压力，滞后会让他们的问题沉积得越来越多。及时、针对、有效、适应、全面，是我们提出的政策更新要求，也是今后政策需要面对的挑战。

参考文献

阿马蒂亚·森．贫困与饥荒：论权利与剥夺［M］．王宇、王文玉译．北京：商务印书馆，2001.

阿马蒂亚·森．以自由看待发展［M］．任赜、于真译．北京：中国人民大学出版社，2002.

安东尼·吉登斯．第三条道路：社会民主主义的复兴［M］．北京：北京大学出版社，2000.

安东尼·吉登斯．第三条道路的政治［J］．郭忠华译．中山大学学报（社会科学版），2009.

白维军．城市居民最低生活保障制度中的“贫困陷阱”研究：目标定位制下的负激励分析［J］．西北人口，2009（2）：31－35.

白维军．风险社会下欠发达地区城市低保家庭医疗困境的研究——以呼和浩特市为例［J］．前沿，2009（4）：115－118.

包蕾萍．生命历程理论的时间观探析［J］．社会学研究，2005（4）：120－133.

毕玉，刘卫卫等．城市低保家庭应对困难的特征及其子女的教育［J］．中国教育学刊,2007（6）：13－16.

边燕杰，张文宏．经济体制、社会网络与职业流动［J］．中国社会科学，2001（2）：78－79.

蔡荣鑫．国外贫困理论发展述评［J］．经济学家，2000（2）：85－90.

曹扶生，武前波．国外城市反贫困理论研究综述［J］．城市问题，2008（10）：75－80.

曹艳春．城市“低保”对象就业决策分析［J］．市场论坛，2005（24）：51－52.

曾璨，陈宏军．社会资本理论研究综述［J］．安徽铜陵学院学报，2007（4）：

25 – 30.

曾华源．从生态观点探讨青年脱贫自立方案之目标与架构［A］．台中：财团法人台湾儿童暨家庭扶助基金会，2005.

曾群．失业者的社会保护：超越社会保障的一种思路［J］．学习与实践，2007（9）：108 – 114.

陈超．城市贫困夹心层社会救助存在的问题及对策研究——以青岛市市南区为个案分析［D］．青岛：中国海洋大学硕士论文，2009.

陈洪泉．生活质量含义探析［J］．中共青岛市委党校、青岛行政学院学报，2005（3）：5 – 9.

陈瑾．城市贫困家庭的子女教育与社会排斥［J］．山东社会科学，2006（9）：135 – 137.

陈雷，江海霞．英国“第三条道路”实践与中国社会保障改革——兼论政府、市场、社会“三位一体”社会保障构想［J］．劳动保障世界，2009（1）.

陈蕾．我国城市低保问题的分析［J］．科技信息，2009（26）.

陈玲玲．福利依赖与最低生活保障制度［D］．长沙：湖南师范大学硕士学位论文，2005.

陈树强，赋权：社会工作理论与实践的新视角［J］．社会学研究，2003（5）：70 – 83.

陈雁．谁能享受最低生活保障：城市最低生活保障制度的建立和推进［J］．世界经济，1996（8）：4 – 6.

陈映芳．棚户区：记忆中的生活史［M］．上海：上海古籍出版社，2006.

陈云．贫困：一种社会资本视野的解释［J］．学海，2003（2）：110 – 114.

成德宁．中国“贫困人口城市化”的趋势与对策［J］．中国地质大学学报，2007（5）：37 – 41.

成元君．城市扶贫与社会工作介入［J］．学术交流，2007（9）：132 – 135.

成元君．治理城市新贫困的路径选择［J］．理论月刊，2007（9）：132 – 134.

程胜利．社会工作在城市反贫困的作用及政策建议［J］．社会工作，2004（9）：25 – 27.

程胜利．中国城市低保家庭的资产状况及其社会政策意涵［C］．山东大学资产积累与社会发展国际学术研讨会论文集，2007：214 – 223.

慈勤英，王卓祺．失业者的再就业选择：最低生活保障制度的微观分析［J］．社会学研究，2006（3）：135 – 150.

慈勤英．社会进步与城市贫困概念的发展［J］．湖北大学学报（社会科学版），1998（5）：93－95.

达尔文．人类的由来［M］．北京：商务印书馆，1983：163.

戴安娜·帕尔斯（Diana Pearce）．转引自姚桂桂．试论美国“贫困女性化”：20世纪后期的一个历史考察［J］．妇女研究论丛，2010（3）：

丹尼尔·贝尔．意识形态的终结［M］．南京：江苏人民出版社，2001.

党春艳，慈勤英．城市新贫困家庭子女教育的社会排斥——以武汉市某社区低保户为例［J］．青年研究，2008（12）：15－19.

邓蓉，周昌祥．当前中国社会福利依赖现象与反福利依赖社会政策的介入［J］．贵州大学学报（社会科学版），2006（6）：82－86.

邓蓉，周昌祥．在反福利依赖中社会工作对社会政策方面的介入［J］．西南民族大学学报，2007（11）：227－229.

邓妍妍．跨文化语境中的认知和交际［J］．湛江师范学院学报，1994（1）：113－121.

东方网．上海城镇居民低保标准调整为每人每月425元［Z］．htt：//sh. eastday. com/qtmt/20090604/u1a582650. html.

董爱玲．转型期困难群体的社会保障与构建和谐社会［J］．临沂师范学院学报，2007（5）：36－39.

段小林．我国低保制度中福利依赖问题分析与目标定位策略［J］．今日南国，2008（5）：12.

樊金娥等．困难群体：社会关系网络中的孤独者［J］．长春工业大学学报（社会科学版），2005（2）：29－31.

范斌．福利社会学［M］．北京：社会科学文献出版社，2006.

费孝通．乡土中国［M］．北京：北京大学出版社，1998：26－31.

冯悦．城市最低生活保障制度实施中的问题与对策［J］．经济视角，2008（3）：82－83.

高灵芝．城市低保家庭社会网络资源的特点［J］．东方论坛，2009（1）：101－105.

高云虹．城市贫困成因：中美两国的对比［J］．当代财经，2007（10）：5－10.

葛道顺、杨团．应当重视最低生活保障制度执行中的治理机制——兼论大连市社区公共服务社的政策效果”［N］．中国社会报，2002（2）：4－5.

关信平．对天津市贫困与最低生活保障制度的分析研究［R］．天津市统计局，2008.

关信平．发展中国家的城市贫困问题及反贫困行动［J］．中国党政干部论坛，2002

(5)：30－32.

关信平．社会政策概论［M］．北京：高等教育出版社，2004.

关信平．现阶段中国城市贫困问题以及贫困政策［J］．中国城市经济，2003（2）：28－31.

关信平．中国城市贫困问题研究［M］．长沙：湖南人民出版社，1999.

郭雪剑．三条保障线：中国反贫困的理论与实践［M］．北京：中国社会出版社，2007.

韩方，陈洪磊．北京城市贫困家庭生活状况及社会支持网络研究［J］．社会保障研究，2009（1）：40－48.

韩克庆，刘喜堂．城市低保制度的研究现状、问题与对策［J］．社会科学，2008（11）：65－72.

韩英．论城市化进程中失地农民的就业与社会保障问题［J］．中共福建省委党校学报，2006（10）：75－77.

杭行．关于社会福利制度的深层次思考［J］．复旦学报（社会科学版），2003（4）

何静，李京生．论城镇低保家庭聚居区的形成机制——以上海市杨浦区为例［J］．探索与争鸣，2009（8）48－50.

何平，华迎放等．城市贫困群体社会保障政策与措施研究［M］．北京：中国劳动社会保障出版社，2006.

贺巧知．城市贫困的延续性研究［J］．社会福利，2003（5）：15－18.

贺寨平，孔驰．城市贫困人口社会支持的多水平分析［J］．江苏社会科学，2011（5）：50－58.

贺寨平，李汉宗．城市贫困人口的社会支持网研究——以天津为例［J］．天津师范大学学报（社会科学版），2009（5）：33－37.

贺寨平．城市贫困人口的社会支持网研究［M］．北京：中国社会出版社，2011.

洪朝辉．论中国城市社会权利的贫困［J］．江苏社会科学，2003（2）：116－125.

洪大用，刘仲翔．我国城市居民最低生活保障制度的实践与反思［J］．社会科学研究，2002（2）：103－107.

洪大用．当道义变成制度之后：试论城市低保制度实践的延伸效果及其演进方向［J］．经济社会体制比较，2005（3）：16－25.

洪大用．改革以来中国城市扶贫工作的发展历程［J］．社会学研究，2003（1）：71－86.

洪大用．如何认识当前中国的城市贫困［J］．社会福利，2003（4）：9－10.

洪大用．社会救助的目标与我国现阶段社会救助的评估［J］．甘肃社会科学，2007（4）：158－162.

洪大用．试论改革以来的中国城市扶贫［J］．中国人民大学学报，2003（1）：9－16.

洪大用．试论中国城市低保制度实践的延伸效果及其演进方向［J］．社会，2005（3）：50－69

洪大用．中国城市扶贫政策的缺陷及其改进方向分析［J］．江苏社会科学，2003（2）：134－139.

洪大用．中国城市居民最低生活保障标准的相关分析［J］．北京行政学报学报，2003（3）：59－64.

洪大用．转型时期中国社会救助［M］．沈阳：辽宁教育出版社，2004.

洪小良，尹志刚．北京城市贫困家庭的社会支持网［J］．北京社会科学，2006（2）：102－108

洪小良．城市贫困家庭的社会关系网络与社会支持［M］．北京：中国人民大学出版社，2008：52－66.

洪小良．关系特质与社会支持——以北京市城市贫困家庭为例［J］．北京行政学院学报，2007（4）：72－77.

胡惠安．论困难群体的医疗保障问题［J］．中国卫生资源，2004（5）：221－223.

胡杰成．城市贫困者的自助与他助：从提升贫困者社会资本角度的透视［J］．青年研究，2003（12）：6－12.

胡旭昌，高灵芝等．城市低保家庭生存状况实证分析［J］．济南大学学报（社会科学版），2013（2）：58－63.

扈新强．哈尔滨市低收入困难家庭生存状况及社会救助研究［D］．哈尔滨工业大学硕士论文，2011.

黄晨熹，王大奔等．让就业有利可图：完善上海城市最低生活保障制度研究［J］．市场与人口分析，2005（3）：1－9.

黄晨熹．城市低保对象动态管理研究：基于“救助生涯”的视角［J］．人口与发展，2009（6）：10－20.

黄晨熹．城市低保对象求职行为的影响因素及相关制度安排研究——以上海为例［J］．社会学研究，2007（1）：137－160.

黄晨熹．社会政策［M］．上海：华东理工大学出版社，2008：108－119.

黄荟．阿玛蒂亚·森的贫困概念解析：以他的自由发展观为视域［J］．江汉论坛，2010（1）：141－144.

黄云龙．新型社会救助体系的基本内涵［J］．中国民政，2004（4）：18－19.

季燕霞．关注人的权利和能力：阿马蒂亚·森的新福利观及其启示［J］．理论月刊，2003（10）：42－44.

姜奇平．什么是社会企业［J］．互联网周刊，2010（8）．

蒋积伟．城市低保家庭医疗困境的原因分析［J］．中共福建省委党校学报，2007（8）：81－84.

蒋积伟．当前城市低保家庭的医疗困境——以部分城市为例［J］．哈尔滨工业大学学报，2007（2）：53－58.

晋天华．需求取向社区贫困家庭志愿服务的探索［J］．社会工作，2010（2）．

荆涛，陈雪等．关于在城市低收入人群中推广小额人身保险的思考［J］．上海金融,2008（9）：23－26.

景天魁．底线公平：和谐社会的基础［M］．北京：北京师范大学出版社，2009.

景天魁．社情人情与福利模式：对中国大陆社会福利模式探索历程的反思［J］．探索与争鸣，2011（6）：3－10

景天魁．引致和谐的社会政策：中国社会政策的回顾与展望［J］．探索与争鸣，2008（10）：15－19.

景天魁．最低生活保障制度：特点与意义［J］．中国社会科学院研究生院学报，2004（4）：4－8.

克莱尔．消除贫困与社会整合：英国的立场［J］．国际社会科学杂志（中文版),2000（4）：54－56.

肯尼思·J. 阿罗．阿马蒂亚·森对社会福利研究的贡献［J］．国外财经，2000（4）：48－53.

蓝云曦，周昌祥．社会结构变迁中的福利依赖与反福利依赖分析［J］．西南民族大学学报，2004（8）：467－468.

雷诺兹（Reynolds）．微观经济学［M］．北京：商务印书馆，1993：430.

雷钊，杨文选等．社会支持网络缺失引发的城市贫困问题分析［J］．西安邮电学院学报，2007（4）：92－95.

李继宏．强弱之外：关系概念的在思考［J］．社会学研究，2003（3）：42－50.

李健，高灵芝．城市低保家庭社会网络资源的特点：基于对济南市40户低保家庭的调查分析［J］．东方论坛，2009（1）：101－105.

李棉管．城市低保制度与贫困者的“福利依赖”［J］．社会工作，2008（2）：24－27.

李强，邓建伟等．社会变迁与个人发展：生命历程的研究范式与方法［J］．社会学研究，1999（6）：1－18.

李强．社会支持与个体心理健康［J］．天津社会科学，1998（1）：67－70.

李实，John，Knight. 中国城市中的三种贫困类型［J］．经济研究，2002（10）.

李实，杨穗．中国城市低保政策对收入分配和贫困的影响作用［J］．中国人口科学，2009（5）：19－27.

李实．阿马蒂亚·森与他的主要经济学贡献［J］．改革，1999（1）：101－109.

李晓明．贫困代际传递理论评述［J］．广西青年干部学院学报，2006（2）：75－78.

李叶叶．和谐社会进程中的城市贫困群体脱困对策探析［J］．湖南社会科学，2007（3）：85－88.

李迎生，韩央迪等．超越统合救助模型：城市低保制度改革中的分类救助问题研究［J］．学海，2007（2）：114－122.

李迎生．城市低保制度运行的现实困境与改革的路径选择［J］．社会科学，2012（9）：50－54.

李元．国内关于农村最低生活保障制度研究内容及其文献综述［J］．长春理工大学学报（社会科学版），2011：38－52.

梁柠欣．社区结构变迁与个体生活机遇：欧美的文献与进一步思考［J］．广州大学学报（社会科学版），2008（8）：23－28.

林闽钢．城市贫困救助的目标定位问题——以中国城市居民最低生活保障制度为例［J］．东岳论丛，2011（5）：13－19.

林闽钢．当代中国社会救助制度：完善与创新［M］．北京：人民出版社，2012.

林闽钢．底层公众现实利益的制度化保障：新型社会救助体系的目标和发展路径［J］．人民论坛（学术前沿），2013（11）：88－94.

林闽钢．缓解城市贫困家庭代际传递的政策体系研究［J］．苏州大学学报，2013（3）：15－19.

林闽钢．社会政策：全球本地化视角的研究［M］．北京：中国劳动社会保障出版社，2009.

林闽钢等．我国城市低保家庭脆弱性的比较分析［J］．社会保障研究，2011（6）：60－71.

林南．社会资本：关于社会行动与结构的理论［M］．上海：上海人民出版社，2004.

林顺利，孟亚男．当代西方城市贫困的社会空间研究及其本土意义［J］．内蒙古社会科学，2010（4）：123－128.

林毓铭. 城市居民最低生活保障制度研究［J］. 统计与信息，1998（4）：112－117.

刘春怡. 城市低保群体社会融入的构建与实践［J］. 长春市委党校学报，2010（5）：17－19.

刘国恩，William H. Dow 等. 中国的健康人力资本与收入增长［J］. 经济学，2004（4）：101－118.

刘继同，左芙蓉. "和谐社会"处境下和谐家庭建设与中国特色家庭福利政策框架［J］. 南京社会科学，2011（06）：72－79.

刘经义. 11411 名农村低保人员健康状况与疾病谱调查分析［J］. 中国初级卫生保健，2011（2）：61－63.

刘婧. 试析中国城市贫困问题［J］. 法制与社会，2007（5）.

刘世昕. 危险信号：城市贫困将部分发生"代际转移"［J］. 国策国情，2006（4）：22－23.

刘喜堂. 当前我国城市低保存在的突出问题及政策建议［J］. 社会保障研究，2009（4）：55－61.

刘小玉，谢启文. 我国城市低保家庭第二代就业问题的研究［J］. 青少年研究：山东省团校学报，2008（1）：41－44.

刘旭东. 不同权利视角下的社会救助［J］. 沈阳师范大学学报（社会科学版），2010（3）：21－24.

刘银娥. 中国转型期的城市贫困与社会福利制度改革［J］. 经济评论，2008（1）：40－44.

陆学艺. 当代中国社会阶层研究报告［M］. 北京：社会科学文献出版社，2002.

吕朝贤，王德睦. 1960s 以来的美国贫穷理论：回顾与整合［J］. 人文及社会科学集刊，2000（1）：149－195.

吕培瑶. 关于社会支持理论研究的综述［J］. 时代教育（教育教学刊），2010（4）：109.

马新文. 阿马蒂亚·森的权利贫困理论与方法述评［J］. 国外社会科学，2008，（2）：69－74.

马悦. 城市最低生活保障制度实施中的问题与对策［J］. 经济视角，2008（1）：82－83.

迈克尔·谢若登. 资产与穷人：一项新的美国福利政策［M］. 北京：商务印书馆，2005.

毛华滨，刘士才. 城市居民最低生活保障问题研究［J］. 高等函授学报，2007

(12)：21－23.

毛明华，吕莹璐．城市居民最低生活保障对象的社会救助研究［J］．城市问题，2005（4）：95－98.

苗春霞，覃昭晖等．城市低保与非低保对象社会支持现状分析［J］．中国社会医学杂志，2007（4）：257－259.

苗春霞，覃昭晖等．徐州市低保居民生命质量现状调查［J］．中国公共卫生，2007（12）：1512－1513.

莫格哈登．贫困女性化．社会性别与发展译文集［C］．北京：生活·读书·新知三联书店，2000：32－33.

莫林浩．警惕贫富“代际转移”［J］．教书育人，2006（33）：57.

欧共体委员会．向贫困开战的共同体特别行动计划的中期报告［R］．福利国家计划论丛，1993.

潘泽泉，岳敏．城市贫困的社会建构与再生产：中国城市发展30年［J］．学习论坛，2009（10）：69－72.

彭华民．福利三角中的社会排斥：对中国城市新贫社群的一个实证研究［M］．上海：上海人民出版社，2007：17、170－184、195.

彭腾．走出贫困循环：致贫与治贫分析［J］．四川经济管理学院学报，2007（3）：23－26.

钱再见．论失业困难群体社会网络的断裂与重构［J］．南京师范大学学报（社会科学版），2005（6）：14－18.

钱志鸿，黄大志．城市贫困、社会排斥和社会极化：当代西方贫困研究综述［J］．国外社会科学，2004（1）：54－60.

乔世东．城市低保家庭青年就业的制约因素及其对策分析［J］．青年探索，2010（2）：88－92.

乔世东．革新城市低保运作模式的必要性及思路：专业社会工作的介入［J］．山东大学学报（社会科学版），2009（4）：131－135.

邱莉莉．城市贫困家庭就业扶助对策研究：对北京市西城区、宣武区贫困家庭再就业状况的调查分析［J］．北京行政学院学报，2007（2）：625－65.

任振兴．城市贫困家庭的社会保障和社会支持网络［J］．社会学研究，1999.

沈红．穷人主体建构与社区性制度创新［J］．社会学研究，2002（1）：40－54.

沈红．中国贫困研究的社会学评述［J］．社会学研究，2000（2）.

世界银行．从贫困地区到贫困人群：中国扶贫议程的演进［R］．中国贫困和不平等问题评估报告，2009.

孙昂，姚洋．劳动力的大病对家庭教育投资行为的影响［J］．世界经济文汇，2006（1）：26－36.

孙红霞．对新经济条件下贫困概念的重新探讨［J］．金华职业技术学院学报，2003（3）：57－59.

孙见．合肥低保家庭的主观幸福感与低保政策支持关系研究［J］．社会工作，2012（10）．

孙健忠．台湾地区社会救助政策发展之研究［M］．台北：时英出版社，1995

孙立平．博弈：断裂社会的利益冲突与和谐［M］．北京：社会科学文献出版社，2006.

孙立平．迈向实践的社会学［J］．江海学刊，2002（3）：84－90.

孙莹，周晓春．我国城市贫困家庭子女的教育救助问题研究［J］．中国青年政治学院学报，2004（3）：24－30.

孙莹．贫困的传递与遏制：城市低保家庭第二代问题研究［M］．北京：社会科学文献出版社，2005：8－17、104.

孙中民．困难群体子女教育救助：从道德诉求到制度正义［J］．兰州学刊，2008（9）：96－98.

覃朝晖，刘苏等．城市低保人员心理异常的危险因素分析［J］．徐州医学院学报,2010（5）：343－345.

汤春林．学校效能评价研究［D］．上海：华东师范大学博士学位论文，2005.

唐钧，王承思等．上海市贫困家庭的生活状况与需求［J］．中国改革，2000（9）：46－48.

唐钧，朱耀垠等．城市贫困家庭的社会保障和社会支持网络：上海市个案研究［J］．社会学研究，1999（5）：105－118.

唐钧．城市低保的最新发展研究［J］．中国市场，2012（24）：49－54.

唐钧．城市扶贫与可持续生计［J］．江苏社会科学，2003（2）：126－133.

唐钧．当前中国城市贫困的形成与状况［J］．中国党政干部论坛，2002（3）：22－25.

唐钧．中国城市贫困与反贫困报告［M］．北京：华夏出版社，2003.

唐钧．中国的城市贫困问题与社会救助制度［J］．江海学刊，2001（2）：30－31.

唐钧．最后的安全网：中国城市居民最低生活保障制度的框架［J］．中国社会科学,1998（1）：116－127.

童星，林闽钢．我国农村贫困标准研究［J］．中国社会科学，1993（3）．

汪亦泓，柯仲锋．论“福利污名”及其应对策略［J］．内蒙古农业大学学报（社科版），2011（4）：299－300.

王春光．新生代农村流动人口的社会认同与城市融合的关系［J］．社会学研究，2001（3）．

王笃强．贫穷、文化与社会工作：脱贫行动的理论与实务［M］．台北：洪叶出版社，2007：177.

王来华．“社会排斥”与“社会脱离”［J］．理论与现代化，2005（5）：59－64.

王磊，李晓南．城市低保的目标重构与制度创新［J］．理论探索，2011（4）：91－98.

王磊，王媛媛．中国城市最低生活保障制度研究综述［J］．决策参考，2011（7）：99－100.

王磊．城市低保对象救助与就业问题博弈分析［J］．财经问题研究，2009（5）．

王莉丽．城市贫困：现状及对策［J］．河南社会科学，2008（6）：85－87.

王世军．坚强与无奈：单亲家庭［M］．北京：中国社会科学出版社，2001：39.

王顺民．社会福利服务困境、转折与展望［M］．台湾：亚太图书出版社，1999：368.

王思斌．底层贫弱群体接受帮助行为的理论分析［J］．中国社会工作研究（第四辑）．北京：社会科学文献出版社，2006.

王思斌．改革中困难群体的政策支持［J］．北京大学学报（哲学社会科学版），2003（6）：83－91.

王思斌．和谐社会建设背景下中国社会工作的发展［J］．中国社会科学，2009（5）：128－140.

王思斌．我国社会政策的弱势性及其转变［J］．学海，2006（6）．

王思斌．我国适度普惠型社会福利制度的建构［J］．北京大学学报，2009（3）．

王思斌．中国社会的求－助关系：制度与文化的视角［J］．人文及社会科学集刊,2000（12）：149－195.

王文斌，刘文满等．物价上涨对低保家庭的影响及对策研究［J］．价格理论与实践，2007（1）．

王永慈．台湾的贫穷问题：相关研究的检视［J］．台大社会工作学刊，2005（10）：1－54.

王珍宝．当前我国城市社区参与研究述评［J］．社会，2003（9）：48－53.

王志斌．我国城市低保线测算的实证研究：基于31省的扩展线性支出法测算比较［D］．重庆：重庆理工大学硕士学位论文，2011.

魏可欣．谁都不应该被剥夺脱贫的机会［J］．中国新闻周刊，2010（7）：62－65.

郗杰英，杨守建．青年就业的问题和对策：基于劳动力供求关系的分析［J］．中国青年研究，2005（2）.

肖萌．发达国家的工作福利制对中国低保政策的启示［J］．中国青年政治学院学报，2005（1）：138－142.

熊跃根．社会政策：理论与分析方法［M］．北京：中国人民大学出版社，2009.

徐道稳．论我国社会救助制度的价值转变和价值建设［J］．社会学研究，2001，（3）：62－66.

徐建．社会排斥视角的城市更新与困难群体［D］．上海：复旦大学博士学位论文，2008.

徐静，徐永德．生命历程理论视域下的老年贫困［J］．社会学研究，2009（6）：122－144.

徐月宾，刘凤芹，张秀兰．中国农村反贫困政策的反思：从社会救助向社会保护转变［J］．中国社会科学，2007（3）：40－53.

许光．社会排斥与社会融合：福利经济视角下的城市贫困群体现象研究［D］．上海：上海社会科学院博士学位论文，2008.

杨团、孙炳耀．资产社会政策与中国社会保障体系重构［J］．江苏社会科学，2005（2）：206－211.

杨团．促进非营利部门就业是新社会政策时代的社会产业政策［J］．学习与实践，2009（10）：117－124.

杨团．社区公共服务论析［M］．北京：华夏出版社，2002.

杨衍银．我国全力构建制度化城市反贫困行动体系［Z］．新华网：http://news.xinhuanet.com/zhengfu/2002－12/13/content_659061.htm.2002.12.13.

姚洋．社会排斥和经济歧视：东部农村地区移民的现状调查［J］．战略与管理，2001（3）：32－42.

尹志刚，洪小亮．北京城市贫困人口的经济生活及家庭婚姻［J］．北京观察，2006（3）：8－13.

袁媛，李珊．大城市低收入邻里社会贫困的测度差异与成因［J］．地理学报，2012（10）：1353－1361.

张宝山，俞国良．污名现象及其心理效应［J］．心理科学进展，2007（6）：

993－1001.

张成福．服务型政府的构建［J］．中国行政管理，2000（3）．

张晖，许琳．城市低保制度救助方式的转变［J］．西北大学学报（社会科学版），2008（1）：122.

张婧．我国城市居民最低生活保障制度实践中的福利依赖问题及其解决对策研究［D］．成都：西南财经大学硕士论文，2007.

张亮．上海社区建设面临困境：居民参与不足［J］．社会，2001（1）：4－6.

张平．中国城市贫困的现状、原因和反贫困政策分析［J］．甘肃理论学刊，2004（6）：75－77.

张杉杉，李敬雅．城市低保人员的社会支持系统分析［J］．人口与经济，2011（1）：51－56.

张伟兵．发展型社会政策理论与实践：西方社会福利思想的重大转型及其对中国社会政策的启示［J］．世界经济与政治论坛，2007（1）：88－95.

张文宏．中国城市的阶层结构与社会网络［M］．上海：上海人民出版社，2006.

张雯雯．我国城市低保人员再就业问题研究［D］．北京：首都经济贸易大学硕士论文，2008.

张小建，张永麟．上海再就业培训调查报告［J］．中国培训，1998（3）：18－19.

张晓霞．社会支持研究简述［J］．学园（教育科研），2010（17）．

张秀兰，徐月宾．发展型社会政策及其对我们的启示［J］．中国社会科学，2002，（10）：23－28.

张秀兰，徐月宾等．改革开放30年：在应急中建立的中国社会保障制度［J］．北京师范大学学报，2009（2）：120－128.

张秀兰，徐月宾等．社会政策创新与中国的策略选择［J］．江苏社会科学，2007（4）：42－47.

张训保．城市化进程中低保人群的心身症状及影响因素［J］．中国心理卫生杂志，2006（10）：657.

张艳萍．我国城市贫困演变趋势分析［J］．经济报告，2007（5）：27－28.

张煜，孟鸿伟．学校效能研究与教育过程评价［J］．教育研究，1996（7）：59－62.

章晓懿．社会保障：制度与比较［M］．上海：上海交通大学出版社，2004.

赵莉．我国城市贫困家庭经济支持网研究：来自250户贫困家庭的实证研究［J］．中国青年政治学院学报，2005（5）：86－91.

赵晓彪，施小梅．城市贫困人口问题初探［J］．人口学刊，1998（1）．

郑功成．收入分配与社会保障［M］．中国劳动社会保障出版社，2002：231－233.

郑功成．中国社会保障改革与发展战略理念目标与行动方案［M］．北京：人民出版社，2008.

郑杭生．转型期的中国社会和中国社会的转型：中国社会主义现代化进程社会学研究［M］．北京：首都师范大学出版社，1996：315－330.

郑路．生命历程的研究范式及其在中国的运用［J］．清华社会学评论，2000（2）：191－200.

郑勇．反社会排斥：支持困难群体的政策选择［J］．南京政治学院学报，2005（5）：70.

中国政府网．2010年全国各地共计7487万人享受城乡低保补助［Z］．http：//news. qq. com/a/20101228/000440. htm

周昌祥．低保福利依赖及其对策研究［J］．中共福建省委党校学报，2006（5）：43－47.

周昌祥．防范“福利依赖”的思考［J］．经济体制改革，2006（06）：151－154.

周昌祥．和谐社会前景下社会福利有效传递与社会工作发展［J］．广州大学学报（社会科学版），2007（6）：28－31.

周华．武汉市最低生活保障制度存在的问题及对策［D］．武汉：华中科技大学硕士论文，2003.

周湘斌，常英．社会支持网络理论在社会工作实践中的应用性探讨［J］．中国农业大学学报（社会科学版），2005（2）：80.

周雪莲，阳德华．城市贫困家庭子女教育问题探析［J］．黑河学刊，2007（1）：120－122.

周莹洁．提高城市贫困者的脱贫能力：从社会资本角度看城市反贫困［J］．黑河学刊，2007（5）：132－134.

朱夏婉．我国城市居民最低生活保障制度的困境与出路［J］．理论广角，2009（10）：177－178.

朱晓阳．反贫困的新战略：从“不可能完成的使命”到“管理穷人”［J］．社会学研究，2004（2）：98－102.

朱晓阳．进入贫困的转折点及干预［J］．广东社会科学，2005（4）：178－184.

朱叶斯·威尔逊，成伯清等译．真正的穷人：内城区、底层阶级和公共政策［M］．上海：上海人民出版社，：103、150、252－256、272.

祝建华，林闽钢．福利污名的社会建构——以浙江省城市低保家庭调查为例的研究

[J]. 浙江学刊, 2010 (3): 201-206.

祝建华. 城市居民最低生活保障制度的理念转型 [J]. 经济论坛, 2009 (14): 26-28.

祝建华. 可及与可得: 我国城市居民最低生活保障制度的目标定位 [J]. 浙江学刊, 2008 (3): 190-196.

祝建华. 我国城市居民最低生活保障制度的政策效果评估 [J]. 经济论坛, 2009 (24): 16-21.

祝平燕. 社会关系网络与政治社会资本的获得: 论妇女参政的非正式社会支持系统 [J]. 湖北社会科学, 2010 (2): 27-30.

Alkire S, Foster J. 2011. Counting and multidimensional poverty measurement [J]. *Journal of Public Economics*. 95 (7-8): 476-487.

Amartya Sen. 2000. *Social Exclusion: Concept, Application, and Scrutiny* [A]. Social Development Papers No. 1: 1-37. Office of Environment and Social Development, Asian Development Bank.

Bank T W. 2009. *China - From poor areas to poor people: China's evolving poverty reduction agenda - an assessment of poverty and inequality* [R]. World Bank.

Bank W. 2004. China - From Poor Areas to Poor People: China's Evolving Poverty Reduction Agenda - An Assessment of Poverty and Inequality in China [J]. *International Journal of Accounting Education & Research*. 27 (24): 333-335.

Bank W. 2009. *Kenya - Poverty and Inequality Assessment: Executive Summary and Synthesis Report* [R]. *World Bank Other Operational Studies*. World Bank.

Bill Jordan. 1996. *A Theory of Poverty and Social Exclusion* [M]. Cambridge: Polity Press.: 1-39.

Brooks-Gunn J. 1997. Duncan GJ. The Effect of Poverty on Children [J]. *Future Child*. 7 (2): 55-71.

Carmon, Mary. 1985. Poverty and Culture: Empirical Evidence and Implications for Public Policy [J]. *Sociological Perspective*. 28 (4).

Coyne JC, Downey G. Stress. 1991. Social Support and the Coping Process [J]. *Annual Review of Psychology*: 401-426.

Davis, P. 2006. Poverty in Time: Exploring Poverty Dynamics from Life History Interviews in Bangladesh [A]. *Working Paper* 69.

Davis, P. 2008. Poverty Dynamics and Life Trajectories in Rural Bangladesh [J]. *International Journal of Multiple Research Approaches*, 2 (2): 176-190.

Duncan Greg J. 1984. *Years of Poverty, Years of Plenty* [M]. Michigan: University of Michigan.

E. Goffman. 1963. *Stigma: Notes on the Management of Spoiled Identity* [M]. Engle - wood Cliffs, N. J. Prentice - Hall.

Ford R T. 2009. Why the Poor Stay Poor [J]. *New York Times Book Review.*

Fotso J C, Madise N, Baschieri A, et al. 2012. Child Growth in Urban Deprived Settings: Does Household Poverty Status Matter? At Which Stage of Child Development? [J]. *Health & Place.* 18 (2): 375 - 384.

Gans H. 1967. *The Urban Villagers: Group and Class in the Life of Italian - Americans* [M]. New York.

Gil, D. G. 1992. *Unraveling Social Policy: Theory, Analysis, and Political Action towards Social Equality* [M]. Rochester, Vt., Schenkman Books.

Gordon D, Adelman L, Ashworth K, et al. 2010. *Poverty and Social Exclusion in Britain York* [M]. Joseph Rowntree Foundation.

Granovetter M. 1983. The Strength of Weak Ties: A Network Theory Revisited [J]. *Sociological Theory.* 1 (6): 201 - 233.

Granovetter, M. 1985. Economic Action and Social Structure: The Problem of Embeddedness [J]. *American Journal of Sociology.* 91 (3): 481 - 510.

Greenberg, M. S. 1980. *A Theory of Indebtedness. Social Exchange* [M]. Springer US.

Greenberg, M. S&Westcott, D. R. 1983. *New Directions in Helping: Recipient Reactions to Aid* [M]. Plenum Press. 85 - 112.

Harrington M. 1962. The Other America: Poverty in the United States [J]. *Social Service Review*, 37 (1): 104 - 104.

Jacobson D. 1987. The Cultural Context of Social Support and Support Networks [J]. *Medical Anthropology Quarterly.* 1 (1): 42 - 67.

Kalil A, Eccles J S. 1999. Does Welfare Affect Family Processes and Adolescent Adjustment [J]. *Child Development.* 69 (6): 1597 - 613.

Kelso, W. A. 1994. *Poverty and the Underclass: Changing Perceptions of the Poor in America* [M]. New York University Press.

Lensk G. E. 1966. *Power and Privilege: A Theory of Social Stratification* [M]. New York: 388 - 389.

Letourneau N L, Duffett - Leger L, Levac L, et al. 2013. Socioeconomic Status and Child Development: A Meta – Analysis [C] . *Journal of Emotional & Behavioral Disorders.* 21 (3): 211 – 224.

Lewis O. 1966. The Culture of Poverty [J] . *Scientific American.* 215 (4): 19 – 25.

Li Zhengdong. 2009. Survival in Poverty Dynamics in Urban Communities: Empirical Study on Survival Strategy among Urban Poor Population from L Community in China [J] . *Asian Social Science.* 5 (10) .

Lin, and Nan. 2001. Building a Network Theory of Social Capital [A] . *Nan Lin Ronald S Burt & Karen Cook Social Capital Theory & Research.*

Lipton M. 2012. *Why the Poor Stay Poor. Milestones and Turning Points in Development Thinking* [M] . Palgrave Macmillan UK.

Maslow, A. H. 1970. *Motivation and Personality* [M] . New York: Harper& Row.

Mead, Lawrence M. 1992. *The New Politics of Poverty: The Working Poor in America* [M] . New York: Basic Books.

Oppenheim, Carey. 1993. *Poverty: The Facts* [M] . London: Child Poverty Action Group.

Peter Townsend. 1979. *Poverty in the United Kingdom: A Survey of Household Resources and Standards of Living* [M] . Berkeley and Los Angeles: University of California Press: 31 – 33.

Scheerens J, Glas C A W, Thomas S M. 1968. Educational Evaluation, Assessment, and Monitoring: a systemic approach [J] . *Animal Science Journal.* 74 (1): 67 – 72.

Sen. A. K. 1979. *Collective Choice and Social Welfare* [M] . Elsevier Science Pub Co.

Silver H. 1994. Social Exclusion and Social Solidarity: Three Paradigms [J] . *International Labour Review.* 133 (5) .

Thoits P A. 1983. Dimensions of Life Events That Influence Psychological Distress: An Evaluation and Synthesis of the Literature [J] . *Psychosocial Stress Trends in Theory & Research*: 33 – 103.

Wacquant L. 2010. Urban Desolation and Symbolic Denigration in the Hyperghetto [J] . *Social Psychology Quarterly.* 73 (3): 215 – 219.

William Julius. Wilson. 1987. *The Truly Disadvantaged: The inner City, the Underclass and Public Policy* [M] . Chicago: University of Chicago Press.

Williamson J G. 2010. Poverty in the United Kingdom: A Survey of Household Resources and Standards of Living, by Peter Townsend [J] . *Journal of Economic History.* 40 (2): 392 – 393.

Zhaohui Hong. 2001. The Role of Power – Capital Economy in Chinese Reform [J] . *American Journal of China Review.* (47): 133.

后 记

当着手写这篇文字的时候，令我们欢欣鼓舞的是这一历时10年的研究终于以这种视窗界面的形式出现在自己和公众面前。组成本套系列研究著作的五卷本分别题为：《贫困何以生产：城市低保家庭的贫困状况研究》《同贫困斗争：城市低保家庭的脱贫行动以及低保制度的服务输送研究》《贫困何以再生产：城市低保家庭的孩子与贫困的代间传递研究》《如何更新政策：城市居民最低生活保障制度的创新研究》《如何创新机制：城市低保家庭的社会工作干预与家庭临床服务研究》。回忆研究计划的起初，我们根本没有想到这项研究任务竟然持续到今天，也不曾想过其间所遭遇的困难和挫折。不过，从最开始转换提问起(从为什么会陷入贫困到为什么会持续地贫困)，我们必须一次又一次摆脱根深蒂固的直觉反应。这种冲破思维窠臼的可能性，激发着我们的勇气和乐趣，让我们得以面对如此宏大和庞杂的主题。若是这一系列研究真的能够带来思想与实践上的可能性，这才将是我们最为欢欣鼓舞的事。

从事这项研究工作10年来，我们也经历了研究方法上的转换。起初，我们的研究设计主要采用抽样问卷调查的资料收集方法开展低保家庭的千户调查工作。然而，在实际的抽样中存有抽样框困难，需要到各区、各街道相关部门协调具体居委会、楼栋和门户名单，花费的时间较长。并且，在调查实施环节，项目组人员数量不仅有限，而且还存有入户访问调查难的困境。其中，为保证调查的有效性，访问被抽中的住户颇费周折，需要3—5次以上的上门才能成功地实现资料收集工作。当然中间还存有诸多拒访案例。直到2009年9月，这项低保家庭的“千户调查”工作最终以失败而告终。在研究工作中，我们发现对于贫困的再生产研究涉及贫困的历程和周期，研究方法还需要扩展到纵向研究。与此同时，我们放弃了最初在时间点上抽样调查这一横向研究的定位，开始从事对城市低保家庭多个时间点上的贫困研究。我们主要通过口述史的方法，深入地访谈了50户低保家庭，而掌握了50户低保家庭深入细致的个案资料，以实现对于城市低保家庭贫困历程的研究。尽管期间我们一度扩大了访谈的样本规模到100户，但考虑到上海市是1993年4月推出城市居民最低生活保制度的，自开始试点至2013年3月上海城市居民最低生活保障制度和申领低保的低保家庭正好经历了20年的时间跨度。所以，我们打算获取这20年历程的相关资料和变迁过程，从而使得研究更富有理论价值和社会意义。结果，我们最终依然是选择了50户低保家庭作为我们研究的对象。尽管如此，质性研究中的思考与发现，让我们越发认识到这项工作的意义，以及置身研究之茫茫大海中航行通往目的地的方向与线索。其中，尤以置身其中的坚持、体悟和共享，孕育了我们看到可能的希望所在。

此系列研究著作的完成，绝非一己之力。我们这项研究虽起始于2003年对于城市贫困的关注，但真正组成研究团队则是从2005年开始。尽管我们对这项任务的准备并不充足，我们的研究团队30余人前后历时10年终完成这一系列研究。倘若没有学校、上海市教委、上海市民政局、全国哲社办、EFURC等相关机构及人士提供的资助与协助，研究的开展与坚持几无可能。需要补充说明的是，我们这一系列研究的调查与访谈以及书写主要是集中在2008年至2013年完成的。随后的修订、搁置与延宕以及再修订，直至今日才完成这一尚存诸多缺憾和不足的系列研究拼图。因此，由于横跨时间的关系，我们的研究可能没有反映今天知识生产以及政策实践环境的变化。不过，至少我们在茫茫大海中的航行，已经寻找到这些可以靠岸的小岛，尽管这还不是我们的目的地和终点。应该说，这一系列研究总体的设计、访谈的开展、资料的整理以及文稿的书写，我们研究团队的每一个人都参与其中，他们分别是潘泓、姚亦俊、金莹姗、黄佳斓、王文娟、乔爱丽、万杨杨，沈文婷、梅弘、李一帆、施展、蔡春燕、程上，蒋安、徐婷、戴时勇、季敏、王诗韵，汤娇、沈晓珺、李旭珺、汤晓芬、吴俊浩、许大川、刘逸舒、施丽凤、胡维雅，王碧芸、徐燕萍、李璟、王超、郭晋芳、张文雯。若是没有大家的齐心协力和坚持不懈，这一系列研究是不可能完成的。当然，本系列研究著作的完成，更是离不开教诲我们的师长、启发我们的朋友，以及发表诤言的同仁与学生，他们都有很大的贡献。但因人数众多，我们无法一一提及，我们唯有抱着深深的谢意和致敬的情怀默念在心。

这一系列研究的开展与思索，让我们明白了面向社会发展的多种可能。之所以我们能够得以处理如此庞杂的主题以及资料，这要得益于既有研究的知识基础和贡献。从知识上，我们受益于许多人以及许多人的研究，感谢前贤们所检视的观点，让我们在身陷迷雾中能够找到一条分析的脉络以及论述的策略。同样也要感谢我们的被访家庭，给了我们豁然般的体悟，是他们的日常生活经验让我们的探究大有裨益。以及，还要感谢接受我们访问和座谈的基层工作人员以及社会组织服务人员，他们的理念与关怀也透露出寻找出路的可能以及实务上的可能选项。尽管这一系列研究的完成，形成了五卷本的系列著作，但是面对知识边界并非固定不变的思想与实践领域，我们的研究依然显得很贫瘠。难免只看到了一面，而忽视了乃至排斥了其他方面。对于书中存在的不当与疏忽，有待诸君的包容理解和赐教批评。

李正东

谨识于沪上